전망 2019

詩

햇빛을 만지다

조영환 외

전망 2019

詩

햇빛을 만지다

조영환 외

다시올

세속의 언어로 지은 절집

시(詩)의 파자(破字)인 言+寺는 '절집의 말'이 아니라, '말의 절집'이라는 해석이 타당해 보입니다. 시는 불경(佛經)이 아니라, 세속의 언어로 지은 일종의 절집이라는 해석이 의미적 보편성을 획득하기 때문입니다.

절집(기도원)은 절대자에게 비원(悲願)을 비는 공간입니다. 그러므로 그 공간을 이루는 말의 근간(根幹)은 정직하고 간절한 말입니다. 깊은 내면에서 무의식적으로 흘러나오는 통절(痛切)한 말입니다. 어디 시뿐이겠습니까? '문학'이란 간절하고 통절한 내면의 말로 이루어진 집입니다.

말이 소비재가 되는 시대입니다. 유튜브의 조회 숫자가 수익금을 결정합니다. 그러나 돈과 명예에 눈먼 시속(時俗)의 말은 겉보기와 달리 음흉하고 험악합니다. 가짜 뉴스가 난무하고, 온갖 장사꾼의 감언과 거짓말이 횡행합니다. 어떤 사람은 음험(陰險)한 말에 홀려 판단력이 마비되고 자기 존재를 상실한 유령으로 전락하기도 합니다.

전망 동인지 제8집을 발간합니다. 전망 동인지는 계간 《다시올문학》으로 등단하였거나 다시올문학회에서 작품 활동하는 문인이 매년 발간하는 책입니다. 2002년에 1집 『밥하는 소리』를 출간한 이래 2집 『느슨한 저녁』 3집 『한쪽으로 보는 세상』 4집 『슬픔의 각도』 5집 『고양이 골목』 6집 『꽃에 대한 예의』 7집 『눈물의 연대기』에 이어 올해 제8집 『햇빛을 만지다』를 발간하게 되었습니다.

봄날에 문득 가던 길을 멈추고 보도블록 사이에 핀 민들레꽃을 물끄러미 들여다보듯이, 전망 동인이 이룬 간절한 말의 집에 입장해 보시기를 권합니다.

2019.12.

다시올문학회 회장 조 영 환

■ 차례 ■

3부

로그인

수필

나는 배웠다

1부

무소의 뿔처럼

김기산 권채영

김병화 김영은

김정기 김진수

박병원 서영용

孔子 묘를 찾아서 외 4편

김기산

가물가물 이천 오백 년의 유장한 길
어느새 聖人의 품에 들어와 있다
빛이 서린 비석의 숲을 지나 孔廟를 만난다
『生民未有』에 마른 가슴을 대 본다
인류가 태어난 이래 아직 이 같은 분 없었다
후세 공경에 내 안은 마른 종잇장이 된다

살구나무 측백나무 사이사이
그의 思惟가 배어있는 글귀들에서는
초인적 인격의 빛이 서린다
때로는 스승이 되고 때로는 벗이 되고
절대 고독의 강을 건너는 힘이 되는

그때의 지혜가 오늘에까지
미래에까지 감화를 이으리니
그 길에 서면 흔들리지 않을 이 있을까
하고 싶은 말 다 참지 못하는
小人의 오늘이 부끄럽다

先知者의 생생한 향기 하나씩
가슴에 가두는 시간
먼 길까지 내다보게 하는 스승은
하루하루 성찰의 눈으로
그물에 걸리지 않는 바람으로
나무 그늘에서도 다시 '나'를 보게 한다.

무소의 뿔처럼

언제나 혼자라는 생각을 벗지 마라
사랑이라 해도 빠지지 마라
헤어날 수 없는 늪지에 서 있다
지극하기에 서로가 자신이라 믿을 때
인간의 비극은 시작된다
하늘의 별들이 각각이듯
혼자라는 생각에서 멀어지는 순간
슬픔이 밀물처럼 들어선다

겉으로 아무리 떠들고 웃고 술을 마시고
노래를 부르고 환호성을 질러 봐도
돌아올 때는 언제나 혼자다
낯선 사람들 속에서
친구를 사귀고 가족을 이루고
함께 잠을 자도 깨고 나면
언제나 서로의 혼 잣 길에 서 있다

때로 휘몰아치는 바람결에
버려진 낙오자 같은 자신을 발견하더라도
의지하지 마라
누구에게도 맡겨질 수 있는 삶은 없다
어쩔 수 없는 혼자이기 때문이다

아내와 자식에 대한 집착도 풀어놓으라
대나무 숲 잎들이 가지 위에 서로 붙어있지 않듯이
바람 소리가 성글성글 지나가게 하라

한 생애 한 길을 걸어온 이들이라 해도
마음 똑같지 않음을 가슴에 종기 같이 안고 가라
그럴 때 더 깊고 진한 사랑의 눈이 뜨이리라
가족의 눈길에 굽이치는 눈물도
풀잎에 맺히는 아침 이슬이다
바로 내일 아침에 눈을 뜨면
사랑하는 이가 보이지 않을 수 있다는 생각은
오늘 밤 그를 어떻게 안아야 하는 이유가 되리라

혼자서 내 생애에 술잔을 따른다
길든 짐승처럼 본능적으로만 이어왔으므로
통속적인 우리 안에서만 내 뼈대가 굳어져 왔으므로
이제 서야 무소의 뿔처럼 혼자서 길을 나선다
내 사랑의 손을 느슨하지 않게 잡고
혼자이기에 순간순간 사랑의 길을 찾으며 간다

파도 한 장을 접어 보냈다

그녀가 떠나고
다시 2월,

배낭을 지고 소래포구로 갔다
민박집에 짐을 풀고
끊어진 옛길을 따라 걸었다
협궤열차의 기적(汽笛)은 물밑으로 가라앉고
시든 철길만 누워있었다

빗장을 지른 역사(驛舍)를 지날 때
바람 소리가 바짝 다가왔다

해를 삼킨 저녁 바다는 목청을 높이고
비틀거리던 그 날처럼 창문도 밤새 덜컹거렸다

낯선 방에 엎드려 친구에게
노을을 베끼고 파도 한 장을 접어 보냈다
혼자서 살만하냐고
추운 날들이 쌓이면 볕이 드냐고

그 밤, 바람 소리를 깔고 잠이 들었다

도시를 떠난 지 며칠
겹겹 쌓이는 파도에 밀려 먼 곳까지 흘러갔다

그해 겨울, 우리는 멀리 있었다

흑백 사진첩 · 3

집도 드문드문 보인다
밑동이 썩은 대추나무도 그대로 서 있고
미루나무 매미 소리도 아직 괄괄하게 비탈길을 적시고 있다
외등이 없던 밤길엔 얼마나 많은 별이 쏟아지고
얼마나 밝은 달빛이었는지
하늘이 가깝던 세월이 들어있다
성글은 울 뒤란 장독대의 정화수
한지처럼 맑은 어머니의 치성이 고여 있고
애써 그 눈길을 피하던 나는 누구였을까

날마다 만나는 시골길 버스 정류장
누군가 우산을 든 기다림이 보인다
장맛비 냄새가 들어온다
섬처럼 늙어가시던 할머니의 잔기침
생의 마지막 빛이었으리라
태어나 늙고 병들고 죽음으로 간다 하시던
조글조글한 웃음이 나를 보고 계신다

가족 하나하나
바람에 쓸려가는 퀭한 얼굴
뼈만 남은 가을 속에서
그리움에 마구 볼을 비비고 싶은 먼지 낀 사진첩
나를 바라보는 어머니의 젖은 눈길이다

어제의 窓

정신 잃고 달려온 바람결의 폐驛舍
아직 야생화 들판을 놓지 못하고 있다
전광석화의 순간이었을까
시간과 공간을 확장해 놓았다는 문명이
관통해 간 시간과 거리

압축 증기 폭팔음 소리의 완행열차
사람보다 짐들이 많이 실렸던
곤한 밤을 지나 아침이 들어오는 차창으로
이른 농부들의 일손이 지나가고
코가 쨍한 겨울도 움츠리고 서 있다

오직 어제로만 기억된 그날들이었는데
너무 멀리 왔다는 생각에 걸터앉아
침침한 눈으로 돌아본다. 오래된 골목길
어느 한 곳 쉬었던 곳이 보이지 않는다
숨차게 기어 올라온 칠십 고지에서 내려보면
나의 어제가 목에 수건을 걸친 채
해쓱하게 하루씩 걸어 나오고 있다

김기산 시인
본명 김영정, 성대 교육대학원 초빙교수, 성대 총동창회보 주간역임, 공간시 낭송회 상임시인, 다시올문학 편집고문, 제24회 성균문학상(대상) 수상, 도서출판「한터」대표, 시집『노을을 베끼다』『빈집』, 공동시집『느슨한 저녁』외 11권 산문집『12월의 기도』등, 논문『영시교육의 문제점 연구』

겨우살이 외 3편

권 채 영

앙상한 나목의 등 위에 뿌리내린
투명한 푸른 빛의 작은 숲은
바람개비들의 숨은 기도처이다

저 기도처에 밤새 흰 눈 소복이 쌓인 날 아침
꿈인 듯 찾아온 햇살이 언 손길 위에 머물곤 하는데
시린 손끝을 더 시리게 하는 지난밤의 일을
바람개비들은 여전히 기억하는지
하얀 눈을 움켜쥐고 잘 놓지 않는다

손끝의 지문이 새겨진 흰 눈을 꼬옥 쥐고 있다가
기도하는 손이 풀리는 시간은
먼 기억처럼 눈이 부신 아침 해를 오래도록 바라볼 때이다

언제나처럼 신성한 숲의 기도처에 찾아든 햇살
지난 일의 시린 추억을 훌훌 털어내면
겨울 눈은 참 맑은 푸른 빛이다

미토이드 예언서 · 1

오래전 한 천 년 전쯤이었을 거야
네가 내게 빌려주었다 가져간 신의 문서
그 속에는 곡모 신을 찾아가는 길이 그려져 있었지
그때부터였을 거야
숨바꼭질하듯 나는 곡모 신의 숨은 그림을 찾아다녔지
그런데 아무리 찾아도 보이지 않았어
그림 속에는 암호 문자만 가득할 뿐
의심이 들기 시작했지
권력을 추구하는 자들은
곡모 신을 찾기 위해 왜 그렇게 안달을 하였을까?
그 먼 날 동안 어떻게 하여
이렇게 문서가 있는데도 불구하고 찾지 못했을까?
곡모 신은 깊은 신궁 안에 숨겨져
누구도 본 적이 없다는 소문만
성의 높은 담장을 넘어 이렇게 천년이 흘렀지

곡모 신은 그러는 동안 시가 되고 노래가 되어
오페라 공연을 하고 다녔어
곡모 신은 웅변 같은 노래로 천년 전쟁을 치렀던 게야
그렇게 오랫동안 곡모 신을 곁에 두고도 아무도 몰라보았지
그러는 사이 신의 문서 속에 자리 잡았고
증인들은 깊은 궁 안에서
보호받지 못한 곡모 신을 숨기기 위해
벼슬도 버리고
허허로운 이 세상 밭에 뿌려져
오라는 손짓만 있으면
어디든 찾아다니며 연명을 하였지
정치판, 권력 판에 따라 곡모 신의 암호 문자는
천년 세월의 손바닥 안에 모였다 흩어졌다 하면서
소문처럼 그렇게 살아남았을 거야
그런데 수없이 많은 불멸의 행복 건설과
물처럼 흘러가는 미래의 꿈과
스토리텔링화되어가는 과거가 겹쳐진 오늘이
네가 내게 빌려준 곡모 신의 문서가 아닐까?

미토이드 예언서 · 2

지천에 깔린 신의 꽃밭에서 피었다 지고 졌다 피어나는
저 무수한 꽃은 곡모 신의 예언처럼
또 천년을 이어가리라 전하는 천년을 이어온 예언서다
1만 년을 이어온 암호 문자를 해독하려는
숨은 꽃이 가득하다 오리엔탈 안의 카오스다
그 속에서 해독된 문자는 노래로 불리어지고
장구 치고 북 치고 징 두드리며 꽹과리와 춤추지만
아직 해독하지 못한 문자를
곡모 신의 할아버지 할머니가 계셔서
가끔 눈감고 주무시다 깨어 예언서를 읽어 준다
그때마다 나는 그를 받아 적는다
그것이 내 안의 시선이다
그 시선 안에는 쿵쿵거리며 돌아가는
심장의 물레방아에 걸려
몇 초마다 숨이 막혀 익사하는 시간과
생각의 돌무더기가 함께 한다
아는 게 너무 많아, 아는 게 너무 없어
이 시대의 야만적인 스토리텔링화된
문화 콘텐츠에 발맞추어 숨을 쉬는 전통
야만의 싸움을 화해시키려는 움직임이
천년을 이어온 곡모 신의 숨은 노력인 줄
알아 달라는 전언을 전하기 위해

오른쪽 갈비뼈 사이에서 바람이 빠져나간다
옆구리 찔러 절 받기 식이지만
에피포의 눈이 순간 미토이드화 된다

이 순간도 천 년 전 네가 내게 빌려주었던
신의 문서와 같은 것을 한쪽씩 넘기면서
깊고 무겁고 오색찬란한 빛이 어우러진
조그마한 만물상 안에 상품처럼 앉아
새 메일이 하나씩 뜰 때마다
네가 내게 전하는 영감의 전언이라 여기지
그냥 두어도 환해졌다 꺼져버리는 휴대폰 메시지는
천 년 전 네가 내게 빌려주었다 가져간 신의 문서 속에
암호처럼 새겨진 곡모 신의 예언일지 모른다는 생각이
영원히 불릴 곡모 신의 노래처럼
천년의 세월을 한 장 또 한 장 펼친다
천년을 이어갈 삼국유사에 손을 뻗어본다

이동식 비경

보길도 예송리, 내 뜰엔 흑진주가 수북이라
12월의 막 날 겨울밤이면 흑진주의 노래는
더 자주 바람에 실려 속삭인다

남쪽 땅 끝나는 마을 갈두리에서
막 배 타고 보길도 청별 항에 내리면
귓가를 스치는 바람에도 가슴이 열린다고
붉은 동백꽃 목소리 툭, 툭 눈물 떨어지는
소리로 길 밝히고 그 눈물 밟으며
흑진주가 자갈 거리는 마을 찾으면

새날 새 아침이 밝아 온다고
수평선 위엔 배 한 척 내 집처럼 자리 잡고
미역 말리는 담장엔 깊은 곳에서 건져 올린
젓내음이 가득이라 아침마다
터질 것 같은 가슴 헤치며 금빛으로 길 일어난다
흑진주의 노래는 그 길 따라 금빛 은빛 날개 달고
수평선에 자리 잡은 집을 찾아간다

달나라에 가는 21세기에도
여전히 보물인 흑명석, 예송리 나의 뜰엔 가득이라
언제나 마음 곳간이 부자가 되는 까닭인 거라

권채영 시인
본명 권미자, 2004년 《미네르바》 등단, 다시올문학 편집위원
시집 『조르바를 모른다』 minary5@naver.com

평화 탐색 외 1편

김 병 화

* 평화 탐색/82×12×85cm/F.R.P/2010년/김병화

평화회담

I

형! 점심은 내가 쏠께

아냐 너는 쏘지마

쏘는 건 내가 쏠께

(4월27일 남북정상회담 앞두고 sns상의 개그)

II

"야 핵 쏜다면서 냉면 쏘면 어떡해"

(6월12일 북미 정상 회담 앞두고 S大 학보 만평)

III

바나나 총

이장근

"손들어"
상택이가 등을
콕 찌르며 말했다

손들고 뒤돌아 보니
권총처럼 생긴
바나나 였다

"아침 안 먹었지?
받아라, 빵"

오늘 상택이에게
한 방 먹었다

IV

이렇듯,
서로 아침과
점심을 쏘거나
먹다 보면
그동안
굳게 닫혔던
마음의 문 열려
남북이
하나가 되리
평화통일
이루리.
(먼저 우리 민족만이라도)

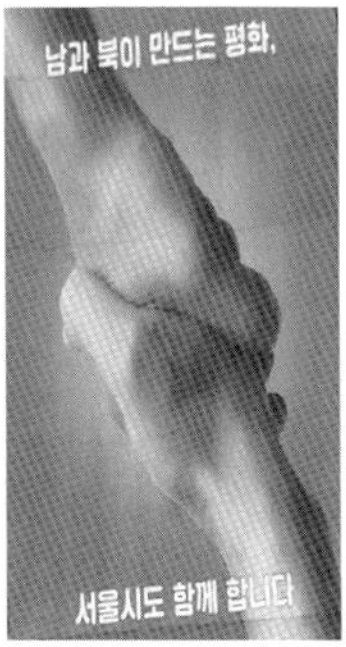

(서울 시청 옥외 홍보판)

김병화 시인
서울대학교 미술대학졸업, 1988년 무크지 《문학의 시대》 등단
시집 『내 피곤한 영혼을 어디다 누이랴』 『밀집 광배 예수』
이콘집(ICON) 『십자가와 피뢰침』, 산문집 『봄 그리고 봄』
kk9325982@hanmail.net

시의 집 외 4편

김 영 은

두 칸이나 지은 시의 집에서
즐거운 아침을 먹는다

흔히 말하는 그분이 오셨는지
새집 마당 가를 서성이는데
정작 그분은 보이지 않았다

홀대할 수 없는 분이라고
정중한 접대를 준비하면서
오시면 맨발로라도 달려 나가
넙죽 안고 모셔올 태세로
분주하게 손가락 움직이는데
단독주택, 아니 이층 삼층
복합주택까지도 가능하겠다 싶어
속으로 흐뭇했다

부실 공사라 비웃을 수도 있지만
난 지금 최선의 집을 짓고
마무리 시공으로 몹시 바쁜
하루를 짓고 있는 중이다

겨울비가

-2019년 11월 16

겨울비
축축이 내리는 창가에 앉아
소주 한 잔을 따르고

월동에 들어가 자리 잡은
다육식물을 위해 온전히
음악을 틀어놓고

소주 한 잔 건배

눅눅히
내려앉은 밤과 독대하며
달리던 시간도 멈추게 했던
내 청춘을 위하여

또 한 잔 따루며 건배

겨울비처럼 잠시 왔다 갈 세상
발자국도 남길 수 없어 고즈넉한
이 밤의 진풍경을 따루고 있는
지금을 위하여

다시 한 잔 건배

안개는 기억하고 있을까

-2019. 11. 17

깊어지기 싫은 겨울비
깊어진 수위만큼 추적이더니
기어이 안개를 몰고 왔네

사느라 바쁘다고 잊고 있던
작은 조각의 기억도
안개비 따라와 깃털 같은
풍경을 그리고 있다

동화 같은 삶을 꿈꾸며
항시 물음표를 부여한 채
잠시 내려놓았지만
세상을 향해 펼치고 싶었던
상실한 꿈의 한 조각

아직 이루지도 걷어내지도 못해
안개조차 그리움이 되고 만
상실을 실감하고 현실을 직시한
공작새, 펴지 못한 날개
안개 속에 묻어둔 채
한숨짓고 있네

가을 편지

키 큰 소나무 아래 금잔화 무리 지어 노랗게 피어있는 가을 옆에 넓은 이파리를 자랑하는 하얀 옥잠화 그 우아함을 짓밟기 위해 빗방울 후드득거리는 것을 보니 가을이 성숙해지나 봅니다.

더도 덜도 말고 옥잠화처럼 하얗고 순수했으면 좋겠다는, 화려하지도 않고 담담해 보이지만, 그윽한 향기를 지닌 그런 여자가 되기를 소망해봅니다.

봄, 여름을 무심천에 무심히 흘려보내고 아쉬움만 남는 계절이 어느새 내 옆에 이러지도 저러지도 못하게 물들이는 아! 또다시 가을, 그 어쩔 수 없는 외로움과 그리움의 계절이 당도했나 봅니다.

돌을 갈아 거울을 만들고 그윽하게 돌부처의 눈물을 닦으며 고요히 기도하는 마음으로 사는 긴- 침묵의 시간, 너무 길어지는 게 아닌가 싶기도 한 이 외로움은 그 누구도 채워줄 수 있지만 그리움은 꼭 그 사람이어야 한다는 귀하고 귀한 허상의 인연이 부적처럼 찾아들 것 같은 가을에 허기진 고백을 합니다.

고추 말리기

-유재철의『 맙소사 우리 동네』를 읽고

김포장. 마송장, 더 멀리 강화장소리가 들리기 시작하면
김포에선 고추 말릴 시기가 도래했다고 한단다.

한낮 마당에 쏟아지는 햇볕을 놓치면 큰 사단이라도 날듯
집집마다 고추 말리는 진풍경이 벌어진단다

고추 한 자루 말리기를
고추만 사다 널어놓기만 하면
고추 말리기를 기다리기라도 한 것처럼
하늘이 흐렸다 개었다 고추에게 심통을 부린다고 한단다

구름이 산 뒤에 숨었다 튀어나오면 거시기도 아닌
고추 한 자루를 맘 편히 만져본 적이 없단다

애국가 3절의
'가을하늘 광활한데 맑고 구름 없이' 까지 운운해도
구름은 꼭꼭 숨었다 비를 데리고 나와 퍼붓곤 한단다

올해는 일기예보를 들었는지 고추 꼭지를 따고
가을 뙤약볕과 속전속결로 담판을 지었단다

잘 말려 포대에 담은 마른 고추에서
'타닥타닥' 오진 소리가 난다는 즐거운 비명이
맙소사 우리 동네에 풍문으로 들려오고 있단다

유재철의 수필은 온통 붉다
그래서 詩다

김영은 시인
2003년 《시사문단》 등단, 2005년《스토리문학》수필등단, 다시올문학 발행인, 도서출판 다시올대표, 동인시집 『어떤 초상화의 모티브』 외
maxim3515@naver.com

두리안 외 4편

김 정 기

저녁에 지친 몸으로 집에 들어가면
스마트폰에 얼굴이 빠져서
본체만체하는 아이들에게
꾸지람을 했더니
마음이 불편했다
그 어색한 표정을 감추려는 게
너무 힘이 들었다
바람으로 마음을 닦으러 나간
아이들의 필통 속에
용돈을 슬쩍 넣어둔다
두리안은 두 얼굴이다
내 안에 두리안이 열려있다

화살을 타고 떠나는 여행

전쟁이 일어난 것도 아닌데
거리에 날개 없는 화살이 빗발친다
죽음이 두려워 피할 필요는 없다

화살은 앞으로만 날지 않는다
어떤 화살은 앞으로 날다가
갑자기 마음을 바꿔 뒤돌아 간다
가만히 보니 화살에 편지가 묶여있다
'어디를 가려거든 화살을 쫓아가라'

마음을 단풍으로 물들이려면
내장산에 올라가는 화살을 잡고
독도의 꿋꿋함을 보려거든
태백산맥 넘어 강릉으로 날아가는
화살을 타자

삶이 무료하고 내일이 답답할 때
빗발치는 화살 끝에 몸을 묶고
어디든 나부끼며 날아보자

수험생

길을 걷다가 어린아이가
'엄마' 하고 부르면
나도 모르게 멈칫한다

집에서 '여보' 하는 남편 목소리에
괜히 마음이 뛴다
나, 부르는 사람 눈을 보면
금방 환해진다

지친 몸도 마음도 불을 켠다

누가 나, 부를 때마다
엄마~ 하고 늘어진 쉼표가 휴식이 되고
여보~ 하며 목덜미를 감고 돌아오는
메아리 쉼표가
따뜻한 불빛이 될 때도
시험지를 받아들고 떨고 있는
엄마이고 평생 수험생 아내이다

뭐지?
왜 부르지?

살구

비 오는 날 바람 부는 날은
잘 익은 살구가 이사 가는 날이다
살구나무 어미 손 놓고, 품을 떠나
땅에 누워 구르며 살아야 한다

호박 바가지에 살구를 가득 주워
노란 기쁨으로 배를 채우고
갑옷으로 두른 살구씨는
담장 넘어 시궁창으로 버린다

시궁창 돌 틈에서 고개 내민
세상에 첫눈 뜬 어린 살구나무
봄의 물감을 풀어 그늘 집 지으면
참새가 날아와 노래하고 춤춘다

그 노랫소리에 살구가 익어가고
마당에서 금을 줍듯 살구를 줍는
마을 사람의 마음도 제법 잘 익어간다
그런 해는 어김없이 풍년이다

참, 시궁창에서 뱃놀이하는 살구도 있다

현수막

전신주에 걸려있는 집이 있다
기둥도 창문도 없이
현관문 활짝 열어놓고
온종일 손짓하며 펄럭이다
큰소리치는 네모난 집
넓은 방, 주차 공간 확보, 최고급 싱크대
우리 집과 전신주에 걸려 나부끼는 집을
저울에 올려놓고 한참을 갸우뚱한다

그 옆 플라타너스에 더부살이하는 까치집도
가만히 저울대에 올려 본다
볕이 잘 들고, 수돗물은 잘 나오는지
전철역에서 몇 분 거리이고
집값은 내려가지 않을 것인지
아무리 손꼽아 봐도 어지럽고 복잡하다

전신주에 걸린 최신식 고급 주택은
구청 공무원이 찾아와
하루가 멀다고 뜯어가 버리지만
사방이 시멘트벽인 우리 집과
지붕도 창문도 없는 저 까치집은

목이 아프게 소리 지르고, 노래 불러도
누구도 찾아와 시비건 적이 없다
서로의 허물도 눈감아주면서 잘도 산다

김정기 시인
인천광역시 강화 출생, 성결대학교 신학과 졸업, 러시아 우스리스크,
중국 상하이 선교사 지냄 《문예바다》 공모전 당선, 아토포스 동인
2019년 계간 《다시올문학》 신인상

고사목 외 4편

김진수

죽은 나무는 내일이 없습니다 발가벗은 오늘만 있을 뿐입니다 뼈만 남은 가지에 19금 관음증이 매달렸습니다 침을 삼키는 카메라맨은 눈이 없습니다 불뚝거리는 카메라는 올곧은 내면을 담지 못하고 변하는 풍경만 담습니다 이미

휘파람새는 헐벗은 둥치를 떠났습니다 둥치는 흘러내린 옷을 끌어 올리지 않아도 나무들은 하나둘 스스로 옷을 벗습니다 둥치는 계절을 잃고 헐거워집니다

카메라맨은 계속 카메라에 꼿꼿해진 눈을 옮겨 심습니다

죽은 나무 가지에서 꽃피우고 열매 맺는 생각은 누구의 것입니까?

옮겨 심은 카메라의 눈 속으로 짙푸른 여름이 뚝뚝 떨어집니다 여름을 시기하는 죽은 나무가 하늘을 깨트립니다 금 간 하늘이 위태롭습니다

셔터를 누르는 손가락은 깨어진 하늘을 동정해 눈물을 흘릴까요?

카메라 맨은 멋대로 눌러대는 손가락 때문에 눈을 감을 수

없습니다 눈보라의 계절이 코앞이지만 아무도 외투를 입어야 한다고 말해주지 않습니다 흥이 오른 손가락은 감정이 없는 풍경만 판화처럼 찍어 냅니다 매번 똑같은 모습이 지겨워진 죽은 나무는 스스로 표정을 바꿉니다 다리 부러진 구름을 끌어다 금 간 하늘을 가립니다 감정에 충실한 바람이 조율되지 않은 벗은 몸을 탄주합니다 죽은 나무는 재재거리는 까마귀 한 마리 꺼내 놓습니다 둥치의 맨 아래 서랍에서 곱게 개어진 승냥이의 눈빛이 걸어 나와 스텝을 밟습니다 리듬을 타는

승냥이의 눈빛은 열린 서랍을 닫을 수 있을까요? 누워야 죽는 나무 앞에 카메라맨이 옆으로 눕습니다 손가락을 수십 번 눌러도 나무는 바로 섭니다 찰나, 순간 속으로 뛰어든 풍경이 손가락 끝에서 반짝입니다 배경이 되지 못한 하늘이 깨어져 내립니다 죽은 나무와 죽은 나무에서 탄주되는, 가락이 되지 못한 비음이 주제음악이 되는 오후입니다 살아 산 날 보다 죽어 산 날이 더 많은 쓸쓸한

나무는 늘어나는 건망증과 진득한 비음을 뜯어내고 있습니다

골목 12
-버려진 의자

한데 나앉고 나서야 생각이라는 것을 하게 되었다

저물녘 길 건너편 젊은 미루나무가 남기고 간 눈웃음과 그림자를 만지작거리다 '왜 찡긋했지?' 옆집 격자창 열린 틈새로 달아나는 '여름'*, 그 끝자락을 붙잡고 매달리는 바이올린 현 한 줄 끊어 무니 '벌써 가을?' 물음은 물음을 물고 이어져

하루, 하루를 지우다 보니 보이기 시작한

간간이 쉬었다 가는 노인의 굽은 허리와 구멍 뚫린 장갑의 아픔, 보도블록 사이 노란 꽃피운 괭이밥의 천연덕스런 낯빛, 뒤척일 때마다 얼굴을 바꾸는 달의 변신과 바람의 빛깔, 깔린 노을이 검어져 골목이 호젓해지면

짧아진 무릎 관절에서 빠져나온 신음이 절뚝거린다 탈색된 목덜미에 솟은 포진에서 부화된 불개미가 밤새 젖을 빨았다 젖몸살이 불러온 늦장마 녹녹하지 않아 내내 타이레놀을 입에 달았다 살갑던 아이들 웃음은 애꿎은 발길질로 바뀌었으나 밤은 늘 혼자였으므로

새벽에 솟는 눈물은 베일 듯 차가워
달도 떠나보내고
별도 떠나보내고
그녀는 떠나가고

혼자 있는 것이 말없음표보다 더 위험하다고 깨어난 잎잎이 찾아와 재재거렸지만 헤진 상처는 쉬 아물지 않아 습관처럼 어깨를 들먹거렸다

주변은 다행이다 싶을 만치 고요해 새벽녘 는개비가 내리는지도 몰랐다
고양이도 혀를 차는 하얀 꽃 피우던 장마도 끝은 있을 터
찡그렸던 무릎이 말갛게 웃는다
내일부터 맑을 거라고

*비발디의 '사계' 중 '여름 3악장'

그 눈빛

볼 적마다 다릅니다
지난 4월에는 수적은 참꽃이었고
유월에는 종일 비에 젖었으나 신념에 찬 동백이었으며
을씨년스런 가을비 추적거리는
오늘은 절절한 노랑 국화입니다

언제나 마주 보지 못하고 스치듯 바라보았던, 그 앞에만 서면 다짐은 허물어지고 한없이 작아져 또 앞 사람의 어깨에 머리 박는 체념이 되곤 하였던

그 눈빛

끌려가던 그 날 알 수 없는 두려움에 허공만 바라보았던,
거듭되는 고문에 악을 넘어 빛을 잃었던,
야차의 눈빛에 현혹되어 삶마저 포기하였던,
마지막 순간 무언가 하고픈 말이 있다는 듯 무심히 돌아보던

그 눈빛

바라보는 가슴마다 어느 날엔가 좋은 날 올 거라고 전하고 싶었는지도 모를

그 눈빛 앞에 섭니다
먹먹하여 비켜서서 침묵하는 눈길을 따라갑니다
눈길 머무는 거기엔
핏빛 꽃 한 송이, 오롯한

주상절리

무던히도 참았다

둥그러지라는 어머님 말씀 절절한데 쉽지 않았다 당부를 지워 버린 것은 아니지만 각을 죽인다는 것은 나를 죽여야 하는 일 죽일수록 생생하여 각은 각을 딛고 일어서

불이었던 시간을 곱씹어도 답이 보이지 않아 둥그러지기보다는 버림을 택했다 중력은 오차를 허락하지 않았다 버거워진 아랫도리 통째로 잘라버리니 비명은 순간이었고 새끼손가락 한마디보다 짧은 후회는 콧노래를 불렀다 나 아닌 나 굴레를 벗고 한낱 돌멩이가 되어 구르는 시간 머잖아 둥글어질지도 모를

한순간 외마디로 진 수천만 년, 내 것이 아닌 것은 아니지만 연연하지 않았다 아랫도리 없다고 나 아닌 것은 아니기에 의식은 더 또렷해지고 각은 시간을 헤집어 화석이 된 태초의 울음을 듣겠다

당당하던 시간을 주저앉히고 우리 아닌 나이기를 원했던 적도 있었다 우리 아닌 나, 그게 답이 아님을 알기까지 그리 오래 걸리지 않았다 동그랗게 치뜬 눈빛은 모서리에서 잃어버린 답을 찾았으니, 나 아닌 우리에 환호하였으니

나름 꽃 한 포기, 새 한 마리 품기를 원했다 하지만 각은 각이 져야 각이고 모서리인 것을 각으로 우리로 또 그렇게…… 예나 지금이나 불이다 활활 타는

무청

죄 없는 모가지
수백 수천
내 걸렸다

하늘로 향한 얼굴
하얗다!
하나같이

떳떳하므로

죽음은 의로움도 아프고 외로울 터

다행이다
혼자가 아니라서

김진수 시인
2016년 계간지 《시와 세계》 신인상, 시와 그리움이 있는 마을 동인, 《매일신문》 '시니어문학상' 시부문당선(2019) 시집 『설핏』 『꿈아닌 꿈』 geobo52@hanmail.net

눈살을 기다리며 외 4편
- 석류

박 병 원

새빨간 구슬
반쯤 찢어진 몸속
알알이 영근

얼마나 기다림에 사무쳐
속이 터졌으면 저리도
부끄럼 없이 속살 드러내고 있을까

자석보다 더 강한 당김으로
침샘 솟구치게 하는
매혹적인 유혹의 과녁

입 안 가득 고인 군침 삼켜가며
서로 뒤질까 시샘 속
눈살 날려 보내는 궁사들

X10* 꿰뚫는 빼어난 그 눈살
애타게 기다리는
홍조 띤 석류의 뜨거운 가슴

*X10: 엑스 텐, 양궁에서 10점 과녁, 그중에서도 지름 6.1cm의 정중앙 표적.

허리가 강단지다

뻗어 내리던 한반도의 큰 줄기
낙동정맥으로 이어지는 그곳
백두대간의 허리 감싸 안은
울진 소광리 금강소나무 군락지
바람 타고 넘실대는 녹색 물결
힘차게 주무른다 대간의 허리
그 연골 유연해질 때까지

조붓한 길 따라 솔향에 끌려들어 간 숲속
하늘 떠받치며 곧게 뻗은 붉은 기둥들
서로 시샘하며 대간의 허리 강단지게 한다
군락 이뤘지만 또래끼리 다투는 일 없고
폭풍과 폭설 같은 괴롭힘 덜 받게
버릴 건 버리는 저들의 생존전략
고깔모를 쓴 듯 날씬한 몸매

숲속에 누워있는 금강소나무의 주검
붉고 누른 창자 드러낸 황장목(黃腸木)
촘촘한 나이테에 곧은줄기와 마디
금강석처럼 나뭇결 단단하기만 하다
죽어서도 살아있는 저들

궁궐의 지붕 떠받치기도 했던 그 빼어남
울울창창한 겨레의 푸른 기상 오래거니

쑥대도 삼밭에서 자라면
누가 부축해 주지 않아도 똑바로 자라듯*
곧고 강단진 금강소나무 숲속
그들과 하나가 된 나
결리던 허리에 힘이 붙고 올곧아지는 몸매
탁함에 찌든 마음 어루만져주는 솔향
나도 저런 맑은 향 피워낼 수 있으려나.

* 봉생마중불부직(蓬生麻中不扶直)

명줄

육이오 때, 마을은 인민군에 점령당했고
피난길에 오르지 못한 우리 가족
숨소리 한 번 제대로 내지 못하는
포로 아닌 포로의 신세
명줄만 잡고 있었던 불안과 공포

그렇게 석 달 버티고, 추석날 해 질 무렵
마을을 사이에 두고 벌어진
국군과 인민군 간의 전투
빗발치는 총탄을 비껴가며 겨우
방공호 속으로 몸만 피신한 처지

뒷산 요새에서 버티는 인민군을 상대로
잃었던 땅을 되찾으려는 국군
하늘에선 제트기, 바다에선 군함,
땅에선 박격포와 야포가 펼치는 육해공작전
불꽃 튀는 전투가 이어지던 사흘째 되던 날

쌍방 간 총성이 멎는듯하더니 갑자기 꽝!
채 1m도 안 되는 거리에서 터진 수류탄
호 입구에 막아 둔 큰 보리 짚단 뭉치를 박살 내고
나왓! 소리와 함께 밀어닥친 총구
생사는 방아쇠 조이는 1cm도 안 되는 거리

머뭇거리면 끝나버리는 절체절명의 순간
번개처럼 총구 싸잡고 뛰쳐나가는 아버지
피난 못 간 가족 피신해 있었다는 아버지의 외침
적군의 잠복으로 오인했다는 국군의 해명
고생했다는 위로에 한없이 뜨거워진 눈시울

불안과 공포의 붉은 장막이 걷히고
아군의 승리로 막을 내린 동부전선 울진 탈환전
삶과 죽음의 경계를 넘어선 아버지의 용단
오늘의 내 명줄 이어준 고귀한 선물
길이 대물림되어야 할 정신적 자산.

역지사지

코끼리 이미지를 모아 볼 양으로
시각장애인 몇 분에게 코끼리를 더듬게 한 다음
어떻게 생겼는지를 묻는다

이에 각기 다른 대답을 내놓는 그들

〈ㄱ〉 "네 개의 기둥이네요"-------- 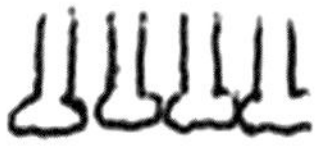

〈ㄴ〉 "큰 벽입니다" ------------- 

〈ㄷ〉 "구렁이 같고요" ------------ 

〈ㄹ〉 "두 개의 부채 같습니다" ------ 

〈ㅁ〉 "두 개의 뿔입니다" ---------- 

〈ㅂ〉 "말채찍 같습니다" ---------- 

그들의 대답이 끝날 때마다
당치 않은 대답이라며
모두 묵살해 버리는 진행자
코끼리 이미지 모을 소재
단 한 건도 건지지 못한다

하지만
볼 수 없는 그들의 입장 헤아려
모두 일리 있다며 받아들인다면
비슷한 코끼리 이미지를 얻게 되는 법

맹인평상(盲人評象)!
그것은, 말도 안 되는 편견이 아니라
입장 바꿔 생각하고 수용하면
중지 모으는 덴 더할 나위 없이
좋은 방법이 될 터

뽕밭 속에선
- 오디

바람이 틈을 낸 뽕잎 사이로
파고드는 뜨거운 눈길
그 눈길 수줍어 홍조 띤 아름다움
흠모의 간절함, 영글고 영글어
진보라 요염한 자태 뽐내는 오디

가림막 되어주는 뽕잎 그늘 속
은은한 향기 따라 몰래 숨어들어
농익은 입술 위로 포개는 또 한 입술
새콤달콤 입맛 당기는 몽글몽글한 과즙
입 안 가득 유영하는 사랑의 유액

얼마나 감미로웠으면
저리도 서툰 입맞춤일까
입술과 뺨, 목덜미와 앞섶까지
시치미 떼려야 뗄 수 없이
또렷하게 새겨진 자줏빛 입술 문신

뽕잎처럼 짙푸르던 날 그녀와의 입맞춤
세월이 흐른 뒤에야 알게 되었지
내 안에 안토시아닌* 잉태되었다는 사실

그때 그 기억 잊을 수가 없어
나, 텃밭에 오디나무 심고 가꾼다.

* 안토시아닌 anthocyanin: 꽃이나 과일 등에 주로 포함되어 있는 색소. 수소 이온 농도에 따라 빨간색, 보라색, 파란색 등을 띤다. 안토시아닌은 황산화 효과로 주목받는 물질.

박병원 시인
경북울진 출생, 계간 《다시올문학》 신인문학상, 전망동인, 다시올문학 운영 이사, 시집 『카메라도 눈멀어』 bwp518@hanmil.net

코인 노래방 외 4편

서 영 용

동네 전통시장 앞 코인 노래방이 생겼다
천 원으로 오백 원 동전 두 개를 바꾼다

노래방기기에 오백 원 넣고
'너에게로 또다시' 를 세 번 부른다
화면 속 변진섭도 뚱뚱하게 늙어간다
마음대로 혼자서 부르는 노래
속 시원하고 스트레스도 풀린다

무명가수도 노래방에서 연습하는데
나도 연습하면
남 앞에서 뽐내며 부를 수 있겠다

노래방은 많은데
2만 원이라 혼자서 못 갔지만

동네 코인노래방이 생겨
부담 없이 무명가수에 도전한다

홍어

누나 집에 홍어 먹으러 갔다
삶은 돼지고기 홍어회 김치
홍어삼합이다

음식점에서 먹는 홍어는
값도 비싸고 채소가 더 많다

홍어를 듬뿍 넣고
누나의 손끝으로 버무려진
진미의 홍어회, 물려받은
엄마의 손맛이다

TV에서 흑산도 홍어를 잡아
독에 넣어 삭히는 과정을 보았다
코를 싸매고 먹던 홍어회
코가 뚫리게 삭혀야 제맛이다

엄마의 손맛이 사라지듯
흑산도 홍어가 사라지고
수입산이 그 자리를 대신한다

크린토피아

아파트단지 세탁소가 세 군데다
가격이 서로 다르고 수선도 엉성하고
약속날짜도 어겨 허탕 친다
십 년간 업주가 수시로 바뀌었다

사거리 신호등 건너 크린토피아
삼 년 거래했다
박물관 직장 유니폼을 맡기는데
여사장이 박물관 애호가라
유물에 대해 의견을 나눈다

문자로 옷을 찾아가라고 하고
무엇보다 허탕치지 않아 기분이 좋다
가격도 저렴하고 깔끔한 세탁
친절한 서비스에 커피까지 베푼다

신뢰도가 높은 기업형 세탁소
체계적인 상거래는
마음까지 세탁해 준다

한국 속담

오천 가지 한국 속담을 공부하고
삶의 편차가 가슴 속에서 소용돌이친다

대학 신입생 시절
도서관에서 큰 속담 사전을 뒤적이며
틀린 말이다 인간이 그럴 수 없다고
생각했던 시절

산전수전 거칠게 살아서 다 이해되는
장년의 한탄이 저절로 나온다
직장 사회생활은 적자생존
약육강식 논리가 지배하고 그러려니
하기엔 너무 아파한 지난 시간

조상님들 삶의 지혜 이제야 터득하려는 것이
큰 슬픔으로 다가온다

세상과 인간을 이해하고
나를 다스리는 한국 속담 공부
인생 최고의 습득이다

여의도 봄꽃축제

국회의사당 뒷길
아침햇살이 눈부시다
벤치에 앉아 벚나무를 보니
봄을 허리에 두르고
활짝 핀 삼월이 꿈틀거린다

일본말 중국말이
인도를 걸어 꽃그늘로 흘러간다

굵은 몸통을 자랑하며 하늘거리는 벚나무
가지마다 봄의 환희를 걸어두었다

보도블록 양쪽에 늘어선 벚나무
세월의 거리를 재는 이정표 같다

삶의 숙제를 할 시간
심호흡하고 자리에서 일어난다

서영용 시인
나주 출생, 세종대학교 경제학과 졸업, 2010년 《다시올문학》 신인상,
전망동인, 동인시집 『고양이 골목』 『꽃에 대한 예의』 외
seoyoungyong@hanmail.net

2부

예전에

송기남 송동현

신동열 신현복

안갑선 양소연

오영록 우애자

럭셔리 총각무 외 4편

송 기 남

남의 텃밭에서
내게로 여행 온 총각무
설익은 김치로
여행에 동승한 위문품

해가 부족한 날씨로
여행차 전력은 밑바닥
온오프 반복하는 냉장고
총각은 그 속에 있었다

기온의 편차에서
고통을 견뎌낸 숙성의 시간
승자는 속으로 웃음 짓는가
이렇게 멋진 총각김치가 되었네

아삭 이는 소리가 야밤을 탄다

시월의 끝 날

바람이 불어
꼬실 린 단풍
하나둘
임 떠나듯 떠난
시월의 마지막 날

오두막 산자락
쌓인 낙엽 쓸며
추억 하나씩 건져
처마 끝 풍경 소리에
딸려 보내고

멀리 있는 님
버드나무 가지마다
그리움 리본에 달아
세월 바람에 전해주면

시월의 끝 날 웃음이 날 텐데

낚시가 좋아

거친 밤을 보내고
드르륵드르륵
한 짐 가득
한밤중을 끌고 나간다

파도 소리 거친데
약속 때문에
방한 구명복 믿고
차가운 뱃길 나선다

무창포를 떠나는
멋진 낚시 배는
검정 옷의 용사를 싣고
갑오징어 먹물과 씨름하는 사이에

나는 창 넘어 거친 파도를 낚는다

멋진 정선

처녀 뱃사공 노 젓고
정선 아리랑 구슬피
아우라지에 퍼질 때

능선 길 따라
먼 손님 맞이하러
단풍 내려와 앉으면

비탈길 양지 켠
줄 맞춰 앉은 양배추
농부의 고달픔 전하고

계곡 수 쉬는 곳
나지막이 앉은 집
주인 주름만큼 낡아

지나가는 구름도
쉬는 듯 그늘로
노고를 치하 한다

몰랐습니다

예전엔 몰랐습니다
야금야금 세월 먹으며
철새의 곤한 날갯짓처럼
조금씩 철들면서
느끼는 당신의 고귀함을

시간의 철저한 규칙이
몸을 휘감는 느낌으로
계절을 맞는 느슨함이
당신은 언제나 그 자리에
있는 줄로만 알았습니다

영원함은 없듯이
기다림도 변하는 것을
마음만 올곧게
자연의 섭리를 따르면
함께 흐르는지만 알았습니다

재깍 이는 초시계만큼
심정의 변화가
바람의 갈대 같음을
세상을 잉태한 태양과
우아하게 떨어지는 낙조로

지나간 것에 대한 반성과
지나갈 것에 대한 변화로
상처 난 가슴을 채워줄
깊은 생각들을 배워갑니다
당신의 아픈 만큼의 보상으로

송기남 시인
2011년 《서라벌문예》 등단, 2011년 한국을 빛낸 자랑스런한국인대상 수상, 한국직업전문학교 교장 역임, 다시올문학 운영이사, 시집으로 『행복 찾기』 『오늘』 koca7@hanmail.net

춘자 씨의 가을 외 5편

송 동 현

엄마 앞에서 옷을 벗을 수 없는 나이가 되어서야 보인다 노을은 왜 뒤에 서서 배경이 되어 주어야 하는지 춘자 씨의 가을처럼

늘 푸른 조선 잔디

조선이라 이름 붙어 행복하다
바람에 바람을 불러 작은 씨앗 날려
봄이 또 오는 봄이 여름 되면
온 세상 파랗게 사춤치며 손 맞잡겠지

어른과 어른이 되는 해에는
거리거리 하나로 엉기고 엉켜
내 자리 지킨 만큼 외치겠지
나 행복하다 조선의 것이라

키 작은 해바라기의 하루

해보다 해를 닮아 더 그립다
서쪽 하늘 노을을 뿌릴 때
그를 품은 샛노란 거울 들고
하루를 씻는다 안된다는 말은 잊고

어두운 하늘 별을 보고 싶다
비를 기다리다 만난 소나기 품속
바람 앞에 아침 흔들리고
해를 마중하려 동쪽 하늘로 고개 돌린다

뜨거운 땡볕 눈을 감으면
안 된다 고개를 돌려도
안 된다 가끔 등돌리고 싶지만
안 된다 조금 더 가까이 가려면

그루잠

해가 길어져
땅이 풀리기를 기다린다
추위를 견디기 위해 비쩍 마른 몸으로
잎 하나 붙잡지 않고 내려놓는다
부서지며 구르는 시간처럼
찬바람 앞에 서야 한다

겨울나무는
빛을 가리지 않는다
단단해진 몸을 터 초록 잎 하나 틔우고
잎 그림자 덧칠해 깊은 그늘 만들어야 한다
그루잠 자는 춘자 씨와 함께
돌아오는 절기를 짚어본다

춘자 · 33

트랙터 지난 흙색 너른 자리

고랑 파고 두둑 만들어 이랑 길어진다 노랑 연두 초록 싱그런 배추 모종으로 수를 놓는다 옆 이랑에 동그랗게 자리 만들어 무씨를 심고 노란 왕겨를 덮어준다 가뭄이 유난히 긴 여름 비를 기다렸는데 태풍이 올라온단다 가지 늘어지게 주렁주렁 달린 대추나무 바람을 이겨내라 기둥을 받치고 또 받쳐준다 온다 비가 온다 빗줄기 굵어질까 어린 모종 다칠까 왕겨는 무씨 잘 덮고 있을까 종일 내리는 비 종일 가시지 않는 걱정 얌전한 빗방울 반가움과 고마움 바람만 잠자기를 바란다

춘자 씨는 창밖 바람만 바라본다

춘자 · 53

집 비우고 나가면
의자에 아무렇게나 걸쳐놓은
빨래들을 세탁기에 돌리고
슬슬 비질을 시작한다

어렵지도 않은 그 이름
단 한 번도 부르지 않았다

잠잘 때 살짝 들어와
콩을 씻어 맛있는 밥을 짓고
호박은 된장찌개를 끓이고
발소리도 숨기고 밭으로

오늘도 그냥 부른다
춘자 씨를 향해, 엄마!

송동현 시인

본명 송계원, 2001년 시집 『꿈을 펼쳐!』로 작품활동 시작, 계간 《다시올문학》 편집장, 맥놀이창작동인회, 사랑방시낭송회 회원, 도담도담한옥도서관 시창작교실 강사, 북디자이너, 도서출판 담장너머 대표, 시집 『꿈을 펼쳐!』, 『사랑水』 jinu514@hanmail.net

그 소년 외 4편

신 동 열

한여름 뙤약볕 한겨울 찬바람은
어린 소년도 나름 견딜만했어
누구나 겪는 계절의 시련이니
한데 봄날의 따스함은 참 힘들었어
뼛속까지 스며든 그 나른한 온기가
어린 소년 앞날을 더 적막케 했거든
남편 일찍 보내고 홀로 줄줄이 자식 키우신 어머니
당신은 아침에 바로 밥을 지으신 적이 없었어
동틀녘 지게 지고 밭에 한 번 다녀오고
5일장에는 열무 이고 읍내 식당 다녀온 뒤에야
좁은 부엌 아궁이에 불을 지피셨어
햇볕 내리쬐는 긴 낮엔 이웃집 논밭에서
그 억센 손으로 자식들 학비 캐내시고
어머니는 떠나고
그 소년은 백발 성성한 초겨울 문턱에 섰어
이젠 따스한 봄 햇살이 그리 막막하진 않아
봄 여름 가을 겨울 쉼 없이 돌고 도는
인생 사계(四季)의 이치를 조금은 깨달았거든
하지만 그 어머니가 그리운 건 어쩔 수 없어
봄볕이 따스하면 더 그리워지는 내 어머니
그건 정말 어쩔 수 없어

인생

인생의 강을 건너는데
어찌 출렁이지 않겠는가
나도 출렁대며 여기까지 왔고
그대도 출렁이며 예까지 왔거늘
떠밀려 내려가고, 거슬러 오르며
하루라는 시내를 넘고 또 넘어
오늘도 출렁대는 인생의 강을 건너거늘

인생의 다리를 건너는데
어찌 굽이지지 않겠는가
나도 휘청이며 여기까지 왔고
그대도 다시 일어서 예까지 왔거늘
기울면 바로 서고, 넘어지면 일어서
하루라는 디딤돌을 딛고 또 디뎌
오늘도 굽이진 인생의 다리 건너거늘

인생의 산을 오르는데
어찌 숨이 차지 않겠는가
나도 헉헉대며 여기까지 왔고
그대도 숨 고르며 예까지 왔거늘
버거우면 부여잡고, 밀고 당기며
하루라는 발길을 앞으로 또 앞으로
오늘도 가파른 인생의 산 오르거늘

내 인생 꽃 몇 송이

내가 삶을 어찌 알겠냐만
여전히 눈에 선하지
내가 딛고 예까지 걸어온
무수한 삶의 디딤돌들

내가 사랑을 어찌 알겠냐만
수시로 가슴 두근대지
내 마음 빼곡히 채운
그 아련한 설렘들로

내가 꿈을 어찌 알겠냐만
가끔은 저 높이 바라보지
어둠 속 반짝이는
밤하늘 수놓은 별들을

내가 내일을 어찌 알겠냐만
때로는 눈 감고 그려보지
이 비 그친 뒤 고운 무지개
이 밤 지샌 뒤 빛날 태양을

내가 끝을 어찌 알겠냐만
믿음 하나는 품고 걷지
삶의 골목골목 모퉁이에
꽃 몇 송이 피지 않을까 하는

인연

저리 멀고 아득하니
누가 끝을 알겠는가
구불구불 휘어진 그 길

처음과 끝이 어긋나는
그 흔한 세상의 이치
내 모르는 바 아니지만

나도 소망한 적이 있었지
이 마음 이대로 머물기를
그 사랑 그대로 뜨겁기를

숱한 사연 사방으로 흩어지고
설렘은 하나둘 덤덤해졌지
길은 갈수록 어지러이 뒤엉키고

인연의 발길은 자칫 길을 잃지
무수한 길목들 그 어디쯤에서
되돌리기도, 앞으로 나아가기도
양쪽이 막힌 어둑한 그 지점에서

호박 위의 어머니

한가로이 늦가을 걷다
문득 눈에 띈 호박 하나
스치던 발길 멈추고
두어 발 되돌아 다시 보니
그 위에 내 어머니가
덩그러니 앉아 계셨어

푸른 잎 누렇게 바래고
누런 잎 땅에 떨어져
당신 홀로인 어머니가
밭두렁에 덩그러니

그리 주고도 모자랐는지
당신까지
온전히 가져가라고
내게 말없이 손짓하면서
덩그러니 홀로 계셨어

신동열 시인
고려대영문과졸업, 2017년《다시올 문학》신인상, 전망동인, 저서로 『굿바이 논리야』『내 인생 10년 후』『구겨진 마음 펴기』와 시집『하루』가 있다. shins@hankyung.com

엄마와 누렁이 외 4편

신현복

새벽에 일어난 엄마가 맨 먼저 하는 것은 여물 쑤는 일, 누렁이는 내가 초등학교 저학년 초봄에 처음 왔다. 그때부터 늘 식구들 아침보다 먼저 누렁이 밥을 챙겼다. 여물 쑤는 솥도 밥 짓는 부엌 부뚜막에 나란히 같이 걸려있었다. 누렁이는 논농사도 밭농사도 짓지 않았다. 먹고 쉬기만 하다가 가끔 송아지를 낳았고 송아지와는 젖을 떼면 금방 헤어졌다. 누렁이가 힘쓰는 일은 새끼를 낳을 때와 새끼와 헤어질 때, 모아뒀다 힘을 써서 그런지 뒷산 숲이 출렁였다. 꿩이랑 비둘기가 깜짝 놀라 허공으로 날아올랐다. 그때마다 엄마는 누렁이 등을 쓰다듬으며 고맙다 미안하다 눈을 마주하고 대견해했다. 누렁이는 여덟 번째 송아지와 함께 어딘가로 팔려 갔다. 그날도 엄마는 새벽 일찍 일어나 여물을 쒔다. 콩깍지랑 사료를 평소보다 훨씬 듬뿍 넣었다. 오전 반나절 내내 미안하다 미안해, 고마웠다며 누렁이 눈을 피해 연신 등짝만 쓰다듬었다. 내가 대학에 들어가든 해 초 늦겨울이었다.

꽃 타령

흔한 벚꽃, 목련꽃
유년 고향엔 피지 않았다
마당 가나 뒤란 혹은 텃밭 둑에
살구꽃 앵두꽃 개복숭아꽃
잠깐 피었다가는, 금방
살구가 되고 앵두가 되고
개복숭아가 되었다
시큼한 먹거리가 되었다
바닷가 짠 바람
기후 탓이려니 했는데
아, 그게 아니었구나
꽃구경만으로는 허기진 봄
한 번 더 곱씹어보니
떫다, 아리다

"그냥 꽃 아닙니다, 신이는
비염에 아주 좋답니다"
이젠 꽃 구경 편히 맘껏 하시라고
선산 초입에 목련 몇 그루
심어야겠다

* 신이 : 목련의 꽃봉오리를 말린 약재

카톡

카톡, 카톡

내게

왔다, 는

알림이 아니라

그에게

가보라, 는

신호

출렁다리

급브레이크에 출렁
조급한 액셀러레이터에 출렁
몇 시간을 앞뒤로 출렁이며 도착한
예당저수지 출렁다리, 많은 사람이
출렁거리고 있다, 좌우로 상하로
흔들리며 환하게 웃고 있다

그래, 그간의 세상사
너무 앞뒤로만 출렁거렸어
공수래공수거 뭐 그리 급하다고
그래, 속도를 줄여서 좌우로
상하로도 흔들리며 가보는 거야
왼쪽 심장과 오른쪽 심장을,
너의 맘과 나의 마음을 다 꺼내서
비빔밥 비비듯 섞어보는 거야
사람 맛 매코롬하게 돋을지 몰라
그래, 흔들리자 흔들려
출렁출렁 흔들흔들
엄마야!

사랑

꽉 못 채웠다고
뒤돌아 후회하지 마
알곡을 가득 담은 포대를
앞뒤 좌우로 흔들면
채울 공간이 더 생기잖어
더 채울 수 있으니 감사한 일이지,
세상사에 우리 그동안 많이
흔들렸잖어, 우리 사랑도
잘 영근 알곡처럼
동글동글
잘 여물어서
그래

신현복 시인
1964년 충남 당진 生, 2005년 《문학.선》 등단, 《다시올문학》 편집위원, 시집 『동미집』 『호수의 중심』 『환한 말』 clstone@naver.com

가치 있는 삶 외 4편

안갑선

바람에는 불치병이 있지
한번 시작하면
죽을 때까지 끝장 본다는 것
그 바람이 날기 시작했다
똥꾸에 힘 바짝 주고 쏜살같이 날아간다
나도 아랫도리에 용쓰면서 바람을 쫓는다
서로 직진만 고집하는 햇볕과 바람이
교차하면서 찢긴 허공 사이를
바람은 날아간다
그리고 어느 지점에서 바람은 죽었다
곁에서 황홀한 언양 자수정이 환하게 웃고 있다

번외 행간에서 글을 읽다

잘 짜인 화려한 문맥을 보았다
단어 단어마다 범접할 수 없는 물건이다
행에서 글을 읽고
행간을 건너간다
정선아리랑처럼
구슬픈 사연 넘실거릴 것 같은 추측
애절한 사랑 시 쏟아낼 것 같은?
물먹은 협곡이 와르르 무너지는 순간이다
전 행에서 읽은 것이
이번 행에도 가득하다
행간을 건너간다
이번 행에도 사족들이 가득하다
그러던 중 결구에서 꽝 치는 두 점이
전체를 살렸구나 생각했는데
번외 행간에서
여러 개 모아서 보면 아침이 참 좋다
토브의 말
저녁에 보아도 참 좋다
청주의 말
아 이것이었구나

나는 아직도 어린 항해사

내 어릴 적 아버지는 삶을 몰고 다니시던 항해사였다
거친 파도 악마 같은 폭풍우 헤치며
오대양 육대주를 누비셨다 나는
아버지의 항공모함을 타면
놀이동산 같고
솜사탕 같고
초콜릿 같아서
아버지의 항해가 없는 날이면 대신
동네 바다를 누볐으며
이웃 섬에 들러 놀기도 했다
아버지는 먼 길 떠나셨고
내가 아버지의 자리에 앉아 항공모함을 몰게 되었다
수많은 암초 지대를 헤치고 보니
자식놈의 신발이 보석 같아 보였다
몇 번의 기우뚱거리는 항해를 더 겪고 뒤돌아보았다
자식의 신발이 항공모함이 되어있었다
내가 아버지가 되어서도
자식의 항공모함을 몰고 좋아하는
나는 아직도 어린 항해사다

쿤자나이트의 외로움

아직 가지가 없었으니
새의 둥지를 품어본 적 없었겠지
사랑도 모를 거야
내가 너를 품고 가르쳐 주랴

개벽

흰 구름 흘러가네
새가 물수제비뜨고
생선이 헤엄치네
저곳은 강인가 보다
비가 내릴 땐
나는 하늘의 자갈이었나
생각하네

안갑선 시인
시집 『그대 가슴 밖의 내 마음』으로 작품 활동, 다시올문학 편집위원
시집 『통화중』 『바지랑대와 손 고동 소리』 외 1권.
angabsun@hanmail.net

강화 시외 버스터미널 외 2편

양소연

검은 교복에 뚱뚱이 가방을 들고
창신동 꼭대기에서부터 종로를 돌아
멀미가 날 즈음이면 신촌이다
시내버스 창에 머리를 기대면 가로수가 툭툭 마음을 건드렸다

서쪽으로 가는 길
줄기차게 다가오는 현란한 노을
신기루 같아 보였던 먼지들
거친 길에서 튀어 오르던 돌멩이들의 비명
낮은 산에 가득한 진달래
홀리듯 홀린 듯 흔들리던 코스모스
거리를 지나가는 사람들
온갖 색깔과 온갖 무늬가 그곳에 있었다

그 길의 시작점
아무도 모르게 꾹 눌러놓았던 시절
이제야 연못 속 들여다보듯 찬찬히 본다

버스의 뒤꽁무니에서 뿜어 나오던 매연
땀 냄새 담배 냄새 가득한 대합실
메슥메슥 시작되던 멀미조차도 그리운가 싶었는데

느닷없는 진창이다
고왔던 땅 자리에 퍼붓는 소나기처럼
신발 바닥에 묻어 버린 진흙 덩이다

교복 칼라 하나 제대로 달지 못하는 아이에게 들려진 가방의 무게
낯선 곳에 떨어진 이별의 시작
덜 여문 게딱지에 쏟아지는 뜨거운 아픔 같은
그리움과 설렘으로 가장한 몸부림

시커먼 타르 담장 방직 공장에 딸이 갇히는 두려움과
더 잘살아야 한다는 간절한 희망이 만들어 낸
우울한 유학(遊學)

치맛자락이랑 검은 스타킹에 흙이 묻어도
바닥에 주저앉아 땅을 치며 울거나
가슴을 부여잡고 울거나
더 이상 견딜 수 없다고 소리치며
진창에서 도망 나올 일이었다

결국 어쩌지 못한 마음은
그 바닥에서 걸어 나와 버스를 타고
터질 것 같은 마음으로 강화에 가고 서울로 오고
터미널에서 터미널까지 끝없이 나타나던 노을과
밤의 가로등 사이를 오가며

오래도록 자랐고
오래도록 아팠다

그 숲에 가면 그 사람 냄새가 난다

어느 날 문득 스쳐 간 사람이 보고 싶어질 때가 있다. 가슴을 긁어대고 두드리며 지나간 사람, 오르페우스처럼 죽음의 세상까지 찾아가서라도 데려오고 싶은 사람이 있다.

어느 골목에 들어서면 떠오르는 사람
마당에 핀 꽃 속에 슬그머니 지나가는 사람
그 사람 냄새가 나는 숲
그 시를 읽으면 보이는 사람
꼭꼭 그 노래 속에 숨어 사는 친구도 있다
목이 메어 넘기기 어려운 국물도 있고
옛사람을 한꺼번에 불러오는 붉은 수수부꾸미도 있다

비가 온다. 죽은 가수의 노래가 나온다 언덕과 언덕 사이 구슬픈 기억의 길을 지난다 빗방울처럼 사라지는 사람들…,

인생은 보고 싶었던 사람을 만들어 놓고
떠나보내고 몸부림치면서 그리워하다가 가는 것뿐이라고
개구리울음이 온 들판을 다 적신다

예전(禮典)에

서해 가까운 바다였는데
나이 든 이부터 젊은이 몇몇이 창가에 앉아있다
예전(禮典)인지 옛날인지는 모르겠으나
예전이라는 이름의 찻집이다

태풍이 손대고 간 자리에서 출렁이는
파도의 역동을 바라보며 차 한 잔을 마신다
묘하게 흘러오는 음악에 파도가 박자를 맞추고 있다

예전에도 보았을 텐데
아이가 어릴 적에 갈매기와 놀았던 시절도 있었지
내가 누구의 연인일 때 행복한 표정으로 저 바다를 바라보기도 했었지

갈매기 날갯짓이 순간에서 순간으로 움직이며
모든 찰나가 예전이 되어버린다

흐렸던 하늘에 햇빛이 비친다
수평선 쪽의 안개가 수상한 빛을 띤다
예전부터 숨어 있던 바닷속의 빛을
파도가 힘겹게 끌어모은다
바다에 띠를 두르듯 솜씨를 부리고 있다

불쑥 무지개의 긴 허리가 나타날 것처럼
수평선 안개에서부터 그 빛이 밝아진다

모두가 턱을 고이고 바라보았지만
무지개는 나타나지 않았다

더는 기다리지 못하고 돌아왔어도
함께 마신 차와
함께 보았던 파도와
함께 기다렸던 마음이 모두 무지개였을 것이다

밖으로 나오니 모든 것이 예전이 되어 있었다

양소연 시인
《다시올문학》신인문학상, 문학동인 글샘, 전망 동인, 시집 『휘돌다 구부러진』외 14권 현)부천 중흥중학교 교장, ysy19kr@hanmail.net, blog.naver.com/ysy19kr2

환상통 외 4편

오 영 록

출근할 사람도 없는데
그렇다고 알람을 맞춰놓은 것도 아닌데 매일 같은 시간 잠에서 깬다

평소와 다름없이 세수하고 면도를 했는지 로션을 바르고 있다
향이 좋아서 지난번 백화점에 갔다가 사다 준 그 로션 향기 때문에 깼다고 믿는다

밥상은 차리지도 않았는데 밥상 잡아당기며 재촉하고 있다
난 두 쌍의 수저를 놓고 밥 두 공기 국 두 그릇을 떠 놓았다
달걀도 두 개를 부쳤다
이번 김장김치가 맛있다며 우적우적 씹는 소리가 등 뒤로 허겁지겁 들린다

가을이라 그런지 뭇국이 시원하다며 특유의 후루룩거림으로 먹고 있다
이쯤에서 돌아보지 않아도 분명히 엄지손가락을 세우고 있을 것이다
얼마나 맛있기에 아침부터 저리 호들갑일까 하면서도
뒤 종아리가 나른하게 힘이 빠진다

달걀프라이를 내려놓으며 마주 앉아 국을 한 숟가락 떠 넣었다
순간 된장 대신 소금을 한 숟가락 넣었다는 것이 생각났다
정신을 가다듬고 보니 맛있다며 호들갑을 떨던 사람도 보이지 않고
엄지를 세웠던 모습도 없다

고봉밥도 국그릇도 가지런히 마주 놓았던 수저도 그대로 있다
옆구리로 날이 시퍼런 바람이
스윽 늑골을 베며 빠져나간다.

늪

산다는 것은 늪 위를 통과하는 일이다
걸어온 길을 보면 어디 한군데 늪이 아니었던 곳이 없다
사방에 도사리고 있는 수렁을 요행으로 비켰다

그 수렁에 빠져 본 적 있다
나오려 허우적거릴수록 점점 더 빠져들기만 하던 늪
수렁 속에는 사람을 먹고사는 짐승이 있는 것이 분명하다

만약 그런 수렁에 빠지면 송장헤엄을 치듯 뒤로 벌러덩 누워 죽은 척해야 한다
그렇지 않으면 짐승이 눈을 부릅뜨고 달려들어 다리를 잡아당길지도 모른다

벌러덩 누워 하늘을 보며 기도하듯 아무 생각도 하지 말아야 한다
자신의 힘으로 빠져나오려 버둥거릴수록 늪은 다리를 놓아주지 않는 법
시간과 신에게 모든 것을 맡겨야 한다

늪의 주위는 곳곳이 수렁이다
수렁과 수렁이 스크럼을 짜고 있는 곳이 우리가 건너야 하는 늪이다

하루를 무사히 살았다는 것은
또 한발을 수렁을 비켜 무사히 디뎠다는 말

살아있다는 것은 누구도 늪에서 벗어날 수 없다는 말
우리는 오늘도 출렁거리는 거대한 늪에서
생일 축하케이크를 자르며 축가를 부르고 있다.

기선제압

사내가 바벨 앞에 선다
눈을 부릅뜬 것은 바벨이다

부릅뜬 바벨의 시선을 애써 외면해보는 선수
한 번 더 어깨에 힘을 주어보는 바벨

선수는 빨라지는 맥박을 바벨에 보여서는 안 된다는 것을 잘 알고 있다
인제 와서 내려갈 수도 피할 수도 없다는 것을 잘 아는 선수가
애써 태연한 척 눈을 맞추지 않고 두 발을 어깨너비로 고정하며 주문을 걸려 한다

이런 상황을 위해 준비해두었던 주문을 아무리 기억하려 해도 주문이 떠오르지 않았다
확장되는 바벨의 동공이 점점 선명해지고 있다
선수는 태연한 척 들숨을 길게 날숨을 가늘게 뱉어보지만, 눈치를 챈 바벨이 그냥 둘리 없다
부릅떴던 눈을 다시 한번 더 부릅뜨는 바벨

이미 호흡은 거칠어지고 체온이 오른다
오른 체온은 손가락에 묻혔던 송진을 녹여 두려움과 범벅이 되어
손가락과 손가락을 한 덩어리로 만들어 놓는다
조막손이 된 손을 보고 바벨이 회심의 미소로 콧방귀를 날린다

선수는 이미 꼬리 내린 개처럼 눈꼬리가 귓불보다 더 내려왔다
여차하면 도망칠 태세로 엉덩이를 깊이 집어넣지 못하고 엉거주춤 바벨을 옆구리를 잡아보지만, 바벨의 헛기침에 손목이 삐끗한다

힘도 안 써보고 기선을 제압한 바벨의 음흉한 미소가
선수를 나동그라지게 할 수도 있었다는 듯
동그랗다.

야옹!

나비와 싸움을 하고 있다
작은 방과 서재 문지방에서 영토 전쟁이다
기본자세는 나비처럼 등을 말아 올리고 손가락을 세우고 손톱으로 바닥을 긁듯
나비의 눈을 앞을 바라봐야 한다

순간 끝없는 사막으로 순간이동 됐다
어디에도 풀 한 포기 보이지 않고 야자수도 보이지 않는
손가락과 발가락 사이로 조금 따스하고 보드라운 모래가 사르르, 사르르 올라오고 있다

뒤를 돌아보니 어디서 많이 본 듯한 사내가 고양이처럼 웅크리고 나를 바라보고 있다
바람 한 점 없었으므로 긴 머리카락이 날리지 않았다
전갈도 없고 여우도 없는 것으로 보아 무늬만 사막인 모래밭이다

태양은 보이지도 않는데 복사열로 이글거리는 사막
바람도 없는데 모래알이 눈으로 들어간 것처럼 눈이 시리다
하지만, 눈을 깜박거리면 지는 게임이므로 초점을 푼다

생식을 좋아한다는 이 광활한 땅을 가지고 있는 나비의 탐욕은 어디까지인가
어디선가 가르랑가르랑하는 소리가 들렸다
지각 변동이 생겼는지 모래가 흘러내리고 있다
자칫하다가는 모래 속으로 묻히고 만다

보드라운 모래가 흘러내리기 시작했으므로 뒷걸음질을 쳤다
하마터면 사막에 갇힐 뻔했다
간발의 차로 동공을 빠져나왔다

나도 모르게 고양이 소리가 튀어나왔다
야옹!

만삭(滿朔)

겨울나무 한가운데 걸린 달을 본다
걸린 것이 아닌 품었다

그러고 보니 나무는 겨울마다 늘 만삭이었다
만삭의 산모처럼 밤이면 해를 품는 나무

무엇이 나이테인가 했던 적이 있다
태양을 품었다 낳은 흔적이었다
나이테마다 순산했던 자식들
어쩌면 그 자손이 나일지도 모른다는 생각

만삭의 몸으로 시린 발을 동동 구르며 이겨냈던 시간이
저 나무에는 태교며 산고였다
가슴에 태양을 품고 부엉이의 유혹을 견뎌내야 했고
때론 눈보라와 싸워야 했을 나무

어둠 속에서도 기꺼이 빛을 품었으므로 싸워야 하는 태교로 출산을 마치고
다시 가임기가 되기까지 잎을 피워 하안거에 들어야 하는 나무

그리고 다시 태양을 잉태하고 순산하기까지

일생토록 수많은 별을

밤마다 주렁주렁 포유(哺乳)하는 나무

오영록 시인

강원도 횡성출생, 《문학일보》 신춘문예(시 부문), 계간 《다시올문학》 신인상, 《머니투데이》 신춘문예(시 부문) 《대전일보》신춘문예(동시 부문) 전망동인, 다시올문학 편집위원 cy3213@hanmail.net

심강(深江) 외 3편

우 애 자

낮은 곳으로 흐르는
넓고 깊은 강물이 푸른 바다를 이룬다

휘몰아치는 비바람 속에서도
얼룩진 멍으로 일렁이는 강물의 그림자
은은한 달빛에 기대어 미소를 짓는다

넘어지던 시간도 상처만 가득한 시간도
속절없이 흐르는 세월 따라
간절히 엎드리는 영혼으로 말없이 흘러가는 물결

막을 수도 잡을 수도 없는 깊은 강물
수많은 그림을 그리고 지우면서
홀로 지새우는 밤이 고요하고 아프다

한길만 바라보고 흘러가는 강물
멈추지 않는 사랑의 노래가 깊다

붉은 잎 매달고 있는 나무

잎마다 생로병사의 무늬를 새기고
떠나가는 마지막 길에서
슬프게 흔들리며 기도하고 있다

삶이란 아득한 시간 속에서
온몸이 붉어지도록 종종거리며
한 치의 여유도 없이
피가 거꾸로 흐르던 시간도 지나왔다

입을 꾹 다물고 조용하게
꿋꿋하게 견뎌왔다고
지나가는 바람에 전한다

부끄럽지 않는 봄을 지나
여름 그리고 가을에 이르렀다

눈 감으면 저절로 끝나는 길
빛과 어둠이 하나로 사라지는 길
일몰이 서서히 다가오고 있다

희로애락이 공존하는
계절의 리듬을 받아들이며
붉은 잎들이 일렁이며 흔들리고 있다

스쳐 가는 바람

흘러가는 구름처럼
그 끝이 어딘지도 모른 체
앞만 보면서 살아온 삶

손에 잡히지 않는 바람을
가슴에 품고 아픈 마음으로
쉬지 않고 걸어왔다

한순간 원하는 것을 잡았다고
손을 펴보면 아무것도 없는 빈손
여전히 풀리지 않는 매듭으로
손가락 마디가 쓰라리고 아프다

쳇바퀴 돌듯 제자리에서 맴돌다
잠시 멈춰 생각에 잠기는 동안
눈 깜짝할 사이에 바람은 스쳐 간다

아무리 발버둥 쳐도
운명은 벗어나지 못하는지
제 자리에서 돌고 도는 원점
다시 쓸쓸한 바람이 불어온다

기억 속 뒝벌

할아버지 걸음을 옮길 때마다
바지에 매달린 빨간 꽃 주머니
출렁거리며 앞서간다
지게에 담긴 노란 참외꽃
덩달아 흔들흔들 춤춘다
칼날 같은 눈, 한 바퀴 휙 돌아보는
뒝벌 같은 소매치기
꽃 주머니 노려보며 바짝 따라붙는다
호기심 많은 소녀 살금살금 따라간다
시끌벅적한 시장 안에 들어설 때
볼록한 꽃 주머니 긴장에 떨었다
"할아버지 빨간 주머니"
스리슬쩍 손이 닿는 순간
쓰리꾼 휙 돌아서며 눈 깜짝할 사이
정강이를 차고 비호같이 사라졌다
번개가 번쩍 지나가는 아찔함
폭삭 주저앉아 어둠 속에서
아픈 정강이 만지며 눈을 뜨니
의협심이 씁쓰레하게 미소 짓는다

우애자 시인
2010년 《다시올문학》 등단, 전망동인, 가락동 우일수산 대표,
시집 『새벽을 열다』 aarym@naver.com

3부

로그인

이진환 장용희

전영란 조영환

최경선 최명심

최창순 최혜영

한 경

김경철 공배준

저 봐, 가끔은 외 4편

이진환

궂은날이 아니었음, 좋겠어
우산이 하나 모자라고 하나는 살이 꺾였거든

하더라도 비는 올 거야

아무렴 어때
고장 나지 않은 시간이 손목에 있고
저 봐,
오고 있는 물 비린 바람에도 내게서 달라질 기분은 없어
먼저 젖어버린 느낌, 알잖아

제멋으로 토를 달고 뻗치는 생각은 그렇지만
보고, 듣고, 말하기까지 두리번거리는 일은 습관이 아니라 본능이지

물러 터진 포도알처럼
밀치는 틈에서 물건 하나 고르지 못하고
가끔은
허기를 때우거나 화장실 가는 일까지도 참을 수 없는 지경이 되니까

하루를 살아가려면 말 한마디씩 구겨 넣는 법을 알아둬
획을 빠트리면 다른 글자가 되는 것처럼
틀어진 기분에선 한 입으로 슬쩍 다른 말을 하기도 하니까

가끔은 슬픈 표정이 필요하니 잘 챙겨야 해
무엇에도 풍요롭지 않다는 모습을 감추기 위해서지, 아님

사지는 멀쩡한데 지금 속은 흉측해

어디 나를 날려버릴 날벼락이 없는지 말이야

집 그늘에 들다

헐거운 신발이 놓여있는 댓돌을 바라보며
세월 낀 소리가 삐걱대는 정지문 옆, 새끼줄에 걸린 멍석을
처마 그늘이 눌러 덮는다

멀리 떠나가던 이의 속내를 엿보기라도 해둔 걸까
배어날 듯 창호지는 묽은 빛이다

마당 들어서던 뒤꿈치에 걸린 헛기침같이
날아든 참새 몇, 노닥거리고

달려와 안기는 것들은 오진 것 같아도 다 빠져나가는 것들이라고
내친 마음 열어젖히던
낡은 문살에 반쯤 걸친 햇살이다

틈새 바람이 그늘 사이로
어깨 저린 감나무 가지를 부추기고
속을 띄우다 말고 뒹구는 이파리들이 모여드는 장독간이다

술래가 되어
숨어 놀던 때부터 여태껏 지켜본
장독을 열고 닫던 정성이
머리 희끗해지는 집 그늘의 무게가 아니었나

나도 이제 부모님처럼 장독을 쓰다듬는 손맛으로도
볕이나 그늘에서 드는 장맛을 가늠할 때가 되지 않았나

기대앉은 선잠의 아궁이로 닳은 부지깽이를 던져 넣는다
잔불이 옮겨붙는다

마당으로 들어선 대문 그림자가 깊다

상봉

뭉텅 잘라 쥔 세월이 앞선다

깨알 같던 얼굴이 어느 적 꽃잎이라고
치맛자락 사이로 수연처럼 몸을 띄우는
묵힌 목멤이 어룽진다

표정을 삼키는 눈물이 여기저기
금방 철조망을 잘라낼 듯 카메라가 찰칵거린다

눈 오고, 비 오고, 볕 따가운 정수리에 그대를 이고 살았습니다

구멍 난 곳을 덧 기우며 이제나저제나 하며 살았습니다

허리 굽혀 구부정하니 살았습니다

늘 그러리라고
늘 그러했다고

녹슨 길에 쟁여온 세월에 박음질한 얼룩들이
빻을 것도 다질 것도 더는 채울 수 없는 얼굴들이

늘 그러했듯이
늘 그러리라고

건너 4층에서는

덤빌듯한 자세에서 방귀를 뀐다
소란은 까탈스러운 여유,
두꺼운 침묵 속으로 날을 세운 고요가 저돌적 낮은 포복이다

시간의 문을 딴다
조바심하는 시선이 미끄러질 듯

착지는
기력의 여진으로 들썩이는 엉덩이 살(煞)을 쏘아보지만, 과녁에 닿지 못한다

헤진 것에 다시 터지는 구멍, 반란을 꿈꾸는
곤마의 옥 집은 빈집
헷갈린 사활의 오독에 세우지 못한 모서리다
손가락에 물린 돌이 하나씩 빠져나갈 때, 하나씩 변형되는
미생의 괴로움에 대한 외로움처럼
승패의 반집과 빈집으로

편편이 누르던 칸을 건너뛴다

삼치기 동전처럼 짤그락거리다 이리저리 찔러가던 돌
사활의 잿더미를 쏟아 넣던 패,

뉘엿거리고

다시 삼삼오오,
화점에서 삼삼, 사삼까지 방심의 한 수를 질겅인다

누군가의 속을 걸러 나오는 방귀 소리다

이 서먹함은

빠져나간 머리카락을 찾아
이식이라도 해볼 듯
차창 너머로 눈 심지 돋워보는 이 서먹함은,

이마의 눈이 번들거린다

신발의 문수는 보폭과 비례하지 않는 허수라고
지른 소리가 채 간
삶에 어긋난 나이다

손아귀에 잡히는 유년의 힘이지만 바람 없다고 그림자도 없을까

고이는 집착을 걸러낸 낮은 소리로
그림자를 품고 물이 흐른다

갖고 싶은 것이 없어 가진 것이 없다는 이 서먹함은
익숙한 낯가림이다

동틀 녘의 고요가 노을에 익는다

이진환 시인
경북 포항 출생, 2014년 《국민일보》 신춘 신앙 시 대상, 2016년 《다시올문학》 신인상, 전망동인, 동인시집 『고양이 골목』 『꽃에 대한 예의』 jjjinlee@naver.com

첫눈 외 4편

장 용 희

소복소복 쌓인 눈길 속에
날 따라오는 발자국 두 개

돌이켜 힐끗힐끗 꺼내는
추억 한 뭉치에 웃음 세 개

돌돌 말린 낙엽 덩이처럼
사라져가는 눈송이 네 개

동짓날 김이 모락모락 나는
엄마의 팥죽 쪼르르 다섯 개

책갈피로 꽂아두었던 그 날
발개진 볼 여섯 개의 등굣길

눈사람 만들고 또르르르 굴리며

미소진 견우직녀

두서너 개 다섯 개 여섯 개
추억을 담은 첫눈 오는 날

성탄절

팔레스타인의 먼 끝자락에서
눈송이와 정겹게 찬양하는
제야의 종소리가 울려 퍼지네

부활의 말씀은 거대한 지구에
눈을 감고 뜨길 반복하면서도
성스러운 탄생을 기도하였네

길고 긴 밤에 맺힌 이슬을
주먹을 펴서 손을 모아 담고
주의 백성 되어서 죄를 비네

무지한 사람으로 태어났으며
당신의 사랑을 닮고 싶었지만
죽을 때 불가능을 알아차리네

그리스도의 삶과 기적의 글은
우리의 가슴에 생명수가 되며
불멸의 세상으로 인도를 하네

오직, 한 분만 가능한 일이니
축복의 나무를 타고 올라가서
그분께 달려가려는 이 순간

왕이 나셨도다 왕이 나셨도다

거미

동그라미를 그려봐
그 위에 하나씩 선을 그리는 거야
그다음에는 커다란 거미를 그려
그 거미는 굉장히 힘이 세
휙휙 돌돌 말은 벌레들을 잡아먹어
비바람이 몰아치고 줄이 끊겨도
밤새 눈을 뜨고 버티고 버티다 보니
어느새 커다란 거미가 되었어
배고파서 배를 움켜쥐다가
다른 거미줄에 붙어 벌레를 약탈했어
그리고 그 거미도 먹어버렸어
다음 날 태양이 떴는데 너무 뜨거워
땅으로 떨어졌지 뭐야?
그래도 난 왕거미이니까
다시 일어났고 짧은 생을 살고 떠났어
하늘나라에 갔더니 사람으로 환생했어
내 부모님은 사라졌어 어디론가
난 힘든 삶을 살았지만 행복했어
거미였을 때 동료를 잡아먹은 것보다
불완전한 세상이지만
배고파서 동료를 잡아먹진 않았거든
그리고, 기다렸어

나에게 사랑을 줄 사람들을
그랬더니 나타났어
당신도, 아기도, 또 다른 생명도
이렇게 생명을 낳고 기를 수 있는 것이
감사한 생각도 가질 수 있는 뇌도 있어서
사람으로 사는 삶은 정말 멋진 것 같아
사람인 지금이 좋아
늙어서 머리가 빠져도 좋아
거미쯤이야 손으로 눌러 죽일 수도 있어
지구에서 최고의 종족이거든
그런데 웃긴 게 뭔지 알아?
거미줄처럼 얽히지도 않았는데
괜히 얽히고 엉킨 실을 만들어 간다는 거야
무한한 자원 속에서도 더 완벽한 동물인데
지혜롭게 살지 못하고
계속 선을 긋고 그으면서 살아간다는 거야
참 웃기지 않아?
거미보다 힘도 세고 똑똑한데도
우주에서 바라보면 이런 선들 때문에
싸우고 싸우는 이상한 나라들의 행성이야
언젠가는 지혜롭게 돕고 나누며
누군가는 세상을 바꿔주겠지?

그때 다시 태어난다면

역사 속에서 해맑게 웃는 아이들도 많아질 텐데

노력해야 바뀌는데 말이지

누가 노력을 한다면 또 바보처럼 줄을 그을까?

거미 따라가지 마 사람들아

거미였던 내 말을 들었다면 말이야

다시 시작해야 해

세상은 너무 잘못되었어

회식

질겅질겅 씹고선 수근수근 한 숟갈
푸릇푸릇 하늘 위 곱스러운 소금 알

그렁그렁 맺히는 휠릴릴리 그 사람
하나둘씩 보드런 두부 같은 그 말씀

그리운 달과 산을 담은 소주 한잔
바람 소리를 담은 피리 부는 소년

빨간 볼처럼 부풀어 오르는 하늘
그새 노릇노릇 달갑게 구워진 날

따가운 상처에 맥주 연고를 바른
다시 어려진, 어린이였던 어른들

미래

숨소리를 담아 비커에 따랐다
생각이 떠올라 방울을 만들었다
그 방울을 터트리자 꿈 망울이 나왔다
꿈 망울이 예뻐서 한참을 쳐다보았다
고민 끝에 책을 펼쳐 꿈을 담아놓았다
끈기를 가지고 책을 읽어보았다
숨죽였던 시간은 진짜 나를 만들었다
그게 나의 미래였다

장용희 시인

창의 장용희(創意 張龍熙) 1990년 1월 24일생, 전국 김소월 백일장 시 낭송대회 '동상'(시낭송) 제 56기 지필문학 '신인문학상,(시) 수원이 스토리텔링 문화예술 공모전' 장려상 '(시나리오) 《다시올 문학》' 신인문학상,(동화) 제 3회 향촌문학제 전국여성문학작품공모전 '대상' (동화) 환경문학대상 '대상'(동화), 《아시아문예》 '신인문학상' (소설) 전망동인, 시집 『숲의 속삭임』

로그인 외 4편

전영란

낡은 앨범을 연다
행간을 더듬다가 마주친 시선

뒤란 마당바위에 앉아
긴 머리 땋아주며 봄바람에 취하고
겨울이면 화로에 군고구마 뒤적이며
이야기로 밤을 새웠던 저것들

저 속에는 세월이 멈추었나보다
엊그제 동창회에서
남편을 잃었다는 소식을 들었는데
홀로 힘겹다 기색 않고
저리 환하게 웃고 있다

삼총사 별명을 가졌던 여학교 이야기가
안단테로 흐르더니
만나지 못하고 흘러간 50년이
바람이 관통하듯 지나간다

까만 갈래머리들
팔소매 나풀거리며 달려온다
깔깔거리며 온다

물음표

잎들이 바람을 쏟아 놓는다 와스스
햇빛에 반짝이던 초록들
제풀에 떨어져 떠날 채비 서두른다
겨울 동안 살아남기 위해
자기 몸을 말리는 나무는
바람과 동맹을 맺은 지 오래
직조된 알록달록 융단 카펫이
잔디밭에 펼쳐진다
머잖아 허공에서 부서질 이름이지만
구르다 말고 멈추는 저 걸음
무엇이 아쉬운 듯 서성인다
종착역은 여기가 아니라는 듯
이제 어디로 떠나려 한다
누구나 남은 생을 모르듯
겨울로 들지 못하고 사라지는 삶을
저들은 알고 있었을까
생은 끝없는 질문과 같은 것
잎들이 와스스
물음표를 쏟아놓는다

세상은 이미 물들었다

남편을 막장으로 보낸 뒤
도박판으로 출근했다는 전설이 있는 도시, 정선
돈 굴러가는 냄새 진동한다

숨 막힌 삶이 무거운 하늘을 떠받치고 있는
그 앞 도로를 달리다가
'장어 신랑 메기 각시' 간판에
눈이 꽂혔다

장어랑 메기랑 살림을 차리면
2세는 어떤 모습일까
뚱딴지같은 질문에 쏟아지는 답은

짱뚱어?
괴물?
창조의 질서가 무너지는 소리

오백만 원 드릴게요
오늘 저랑 동침해 주실래요
장어가 메기에게 구애하는 상상을 하다가
피식!

미투 뒷 담화

때에 맞춰 물을 주고
베란다 문을 여닫으며
햇빛 바람 농도에 간을 봤더니
봄은 아직 멀었는데 꽃들이 만발했다

기다란 줄기를 비비 꼬고 있는 제라늄
부실한 뿌리에
줄기며 이파리는 뒤집히고 엉켜 볼품없는데
꽃송이는 주먹만큼 탐스럽다
예쁜 얼굴을 똑바로 들지 못하여
옆 화분에 처박고 있거나
아무렇게나 바닥에 널브러져 있다

화분 사이를 비집고 물을 주다가
뒷걸음질로 나온다는 것이 그만
탐스러운 꽃 한 송이 밟고 말았다
어떡하니 미안해서, 발뒤꿈치에 눈이 없어 그랬구나
호들갑을 떨다가

이왕 피우는 거
당당하게 서서 하늘만 바라보며 피어라
아무리 꽃이 아름다워도
너희처럼 주눅 들어 피는 건 아닌 거라고
혼자서 공시랑 거린다

수능 기도회

아이는 목줄을 매단 애완견이었다
매사에 때가 있다고
이리저리 몰고 다니는 어머니

수학 영어 논술 피아노 미술….
이동하는 자동차 안에서
구운 계란 하나로 저녁밥을 대신했다
물도 채 마시기 전 어머니는
차를 대고 내리라고 재촉했다

아무것도 하지 않는
자유 시간까지 책 읽기가 침범했다
선택해야 할 많은 길을 앞에 두고
아이는 안개 속을 헤맸다

최선의 것을 택했다고 생각했는데
지난 시간 수학 문제가 쳐놓은 장애물을 넘다가
넘어지는 사고가 있었다
미분 적분 미적분에 머리가 부딪쳐
생각이 하얘졌다

전국 곳곳 기도처에 현수막이 걸렸다
어머니는 아마 교문을 붙잡고 기도할 것이다
교문만 믿고 정답을 찾다가
연필을 또르르 굴렸다

전영란 시인
전남 해남 출생, 방송대 국어국문학과 졸업,
2011년《창조문학》시 부문 등단
들소리 문학상(2015 시 부문), 동서 맥심문학상(2018 동시 부문)

진달래꽃 외 4편

조 영 환

한 번도 그대를 안지 못했네
환한 서러움
안기도 전에 마음 가득 물들어

섬

詩로 쓰기 전에 섬은 이미 詩입니다
당신을 만나기 전부터
당신이 이미 나의 사랑이었던 것처럼

목련꽃

동안거(冬安居)
묵언수행을 마친
목련 나무 가지 속에서
톡, 톡 부리 부딪는 소리 들리더니
홀연히 목련 나무
껍질을 깨고 나온,
발톱과 부리까지 하얀 새
귓속이 온통 환하게 울다
화락천*의 하늘을 날아간다

* 화락천(化樂天) : 불교의 다섯째 하늘. 이 하늘에서 태어나면 모든 대상을 마음대로 변하게 하여 즐겁게 할 수 있다고 함.

버찌

커다란 초식동물이
나뭇잎을 따먹는 줄 알았다
벚나무 가득 버찌가 익은 여름날
벚나무 가지가 심하게 휘어져 움찔거렸다
나뭇잎 사이 덩치 큰
중년의 사내가 버찌에 홀려
입술이 온통 검붉게 물든 것도 모르고 있었다
언덕바지에 갈맷빛 가슴을 풀어헤친 벚나무
아기에게 젖을 물린 어머니 같았다

살구꽃

어이 잊으리, 내 고향
이끼 낀 돌담 너머
화중이네 집의 살구나무를
그믐 같은 가지에
툭, 툭 살구꽃 터지는 소리를
초가지붕을 희게 사르고
돌담을 환하게 넘어
내 눈과 발등에 심장에
서늘하게 타던 살구 꽃불을
그 발밑에 엎드려 절하고 싶던
온몸에 불 켠 고목 살구나무를

어이 잊으리, 눈먼 씨받이 소실 댁
화중이네 집의 살구나무를!

조영환 시인
충북 괴산 출생, 동국대 국문과 졸업, 2009. 계간《다시올문학》시 부문 신인상. 흰뫼문학회동인, 전망동인, 다시올문학회 회장, 동인시집 『눈물의 연대기』외 다수, jyh724@hanmail.net

함께 된다는 건 외 4편

최 경 선

뿌리치고 싶었던 적 있었겠지요

놓아버리고 싶었던 적도 있었겠지요

창경궁 옹벽 바윗돌과 한 몸처럼 얽혀있는 회화나무를 보았지요

단지 곁이었던 관계에서 함께 될 때까지 처절한 몸부림 오죽했겠습니까

떠밀리지 않기 위해 응물고 악물리 듯 꽉 그러안고 더 깊게 스며들어야 온전히 설 수 있었겠지요

우연히든 필연적이든 경이롭고, 장엄합니다

함께 된다는 건
저들처럼 곁을 내준다는 것, 아픔을 함께 견딘다는 것
한 생을 품어 안은 일이 된다는 걸 오래 바라보다 알았습니다

마곡사 도량에 누워

수식이라 해봐야
실에 묶인 나무 걸쇠, 둥근 문고리에 꽂혀 있는 게 전부인
단조로운 방에 들었다

아무것도 하지 말고 그냥, 누워 있기만 하자는
함께 있다는 그것만으로도 마냥, 좋다는

욕심껏 쉼을 갈구한 만큼, 방문을 몇 번이나 더 여닫고
범종루 풍경 문에 들 때마다 몸 일으키길 수차례

보았던가 보일 듯 말듯
요사채 마루에 아롱거리던 햇살의 떨림
들었던가 들릴 듯 말듯
극락교 아래 수줍게 흐르던 물소리

詩 詩 하면서 마음 꼿꼿이 세우고
이냥, 살겠다 했는데

마곡사 도량에 누워
발칙하고, 앙큼한 상상 뜨겁게 펼치며
무슨 일이 있었는지, 있었기나 했는지

확, 머리나 깎을까

탑

천 년을 버텨온 탑 앞에 서서
그의 공력을 듣는 동안
그곳에 발돋움해 있는
돌 이끼를 보았다

바람 한 점
햇살 한 줌
빗방울 한 모금
모아 모아서
온몸으로 끌어안고

얼마나 공들였으면
저토록 꽃 무리를 이뤘을까

상처가 생기는 줄도 모르고
부스러져 내리는 것도 모르고

탑은
허물어지기 위해
스스로 이울고 있다는 걸
이제야 알겠다

살아보랍니다

바다에 던져야 할 그물을
들에 쳐두는 작은 섬

그물 아래 연초록 쑥 그득히 자라는
그 섬이 그립고 그리워서
쑥을 캐고 살아도 마냥 좋기만 할 것처럼
살만한 곳이라 하는데

속 시끄럽다며 살아보랍니다

이쪽 뜯고 나면 저쪽이
저쪽 뜯고 나면 쩌–짝을 캐야 한다며
신경 줄 긁는 뾰족한 말속에
번번이 애쓰며 살아내고 있음을

겨울바람 밀어내며 손 트도록 쑥 캐던 일
지긋지긋해 떠나고자 했던 거문도

쑥 나온다는 소식만으로도
어쩌자고 그리움 울컥, 울컥 돋는지
사는 일 팍팍할 때면
쑥 캐던 이야기 새포름히 덧칠하며 살았다 하니

한갓지면 부러울 것 없이 살만하긴 하답니다

그 섬 거문도

곱발 디디면 바다가 보이는 고만고만한 돌담 집이거나
얼기설기 묶인 지붕 너머 바다의 정수리가 훤히 보이거나
몇 발짝 골목을 나서면 시푸른 바다로 통하는 곳이다
혀 둥글게 말고 턱 빠지게 하품하며 느릿느릿 걷는 고양이
폼이 적나라하게 고요를 느끼게 하는 곳
저 혼자 불 밝히는 등대가 있고 전설처럼 *신지께가 어부
를 지켜주는 곳
손끝 유달리 까매도 부끄러울 것 없는 사람들이 사는 곳이
다
온몸으로 바람을 막고 온몸으로 바람을 받아들이는 곳
하늘과 바다가 허락해야 닿을 수 있는 바로 그 섬
어야디야 어기야 디야 어쩌다 들려오는 사무친 뱃노래에
어~야 디야 어~ 기 여차 끊임없이 되뇌다 먹먹해지는
그 섬을 나는 떠나왔다

*신지께-거문도 사람들이 인어를 신지께라 부름

최경선 시인
여수시 거문도 출생 , 2004년 《문예사조》등단
시집『어찌 이리 푸르른가』 cksun1008@hanmail.net

달고나 외 2편

최 명 심

오랫동안 꿈을 꾸었다

마주 오는 사람과 몸을 옆으로 틀어야 겨우 비껴갈
골목길로 들어서면, 벙거지를 눌러 쓰고
어깨가 구부정한 남자의 싸늘한 등이 보인다
순간, 골목은 끝없는 터널이 된다
숨소리를 내지 않으려 입을 막고 걷는 발소리
터널 속에 울려 퍼진다
갑자기 휙 돌아선 남자, 내 손을 잡아당긴다
도망치려 하지만 땅바닥에 얼어 붙어버린 발이 떨어지지 않는다
죽을힘을 다해 할머니를 부른다

꿈이었다
온몸이 땀으로 흠뻑 젖어있다

예닐곱 살 때쯤이었을까
할머니 따라 시장에 갔었다
시장 모퉁이에는 아이들 대여섯 명이
달고나를 만들고 있는 아저씨 앞에서 쪼그리고 앉아
군침을 삼키고 있었다
달콤한 설탕 냄새를 맡고 나도 그 틈에 끼어 앉았다

먹고 싶어 사달라고 할머니를 조르려고 돌아서는 순간
할머니는 보이지 않았다

울면서 할머니를 부르고 시장을 헤매고 다닐 때
내 앞에 나타난 달고나 아저씨,
달고나를 만들고 있을 때는 보이지 않던 벙거지를 쓰고 있었다
여기서 기다리면 할머니가 올 거라며 까만 손으로 내 손을 잡았다
겁에 질려 할머니한테 간다며 손을 뿌리쳤지만 이내 다시 잡힌 손
그 손을 뜯어내며 할머니를 부르짖는데
허겁지겁 달려와 나를 끌어 않으며 털썩 주저앉던 할머니
얼굴이 하얗게 질려있었다

벙거지 쓰고 손이 까맸던 달고나 아저씨
어린 나는 그가 왜 그렇게 무서웠던 것일까?
가슴 저릿한 기억

불로문(不老門)

매화나무 가지마다 아침햇살이 달려있다
참새들의 날갯짓이 부쩍 요란하다
흰 매화 꽃봉오리 겹칩이 지나자 벙글기 시작한다
풀잎도 이슬방울을 쉬이 털고 일어서는 아침이다

지난해 이맘때쯤 시아버지와 함께 걸었던 아라뱃길
물끄러미 나를 바라보시던 당신
–얘야, 내가 이 꽃을 내년에도 볼 수 있을까
–이곳을 지나가면 늙지 않고 오래 산데요
백 년의 숲 불로문 앞에서 내 손을 잡은 당신의 손이
가늘게 떨려왔다

일찍 부모님을 여읜 시아버지의 삶은
비와 바람으로 씻긴 날들이었다
평생 가죽을 미싱으로 박음질하고 망치로 두드리며
구두를 만들었던 아버지,
정작 당신의 신발은 한 켤레도 남기지 않았다

손톱 아래 굳은살 거친 화산석처럼 뜨거운
당신의 손을 잡고 불로문을 오가는 동안
당신의 헛헛한 웃음 뱃길 따라 흘러갔다

매화꽃 만발한 이 불로문
뱃길에 웃음을 더는 띄우지 못하고
너무 쉽게 내 손을 놓아버린 아버지

나는, 그 문을 다시는 지나가지 않는다

스마트폰

맥이 잘 잡히지 않았다
어르고 달래면 가끔씩 연결이 되긴 하지만
기력은 이미 거의 소진되었다

그만 손을 놓으라는 볼멘소리라도 하는 듯
가느다란 눈금 하나 깜박거리며 거칠게 숨을 쉬고 있다

며칠 전부터 스마트폰이 충전시켜도
단말기의 안테나가 계속 곤두박질쳤다
미처 옮기지 못한 사진 몇 장 클라우드에 저장하고
충전기에 꽂아 두었다
오늘 아침 일어나 가만히 만져보니
다시 그놈의 겨드랑이에서 온기가 느껴졌다

곰배령 트레킹에서도
폭설의 한라산 정상에서도
이른 봄 추위를 이겨내고 피는 복수초도
그 모든 것들을 찰나의 순간으로 담아내며 3년 넘도록
남편보다 내 곁에 있는 시간이 많았던 스마트폰이었다

지난 밤 가물거리던 스마트폰 액정을 터치하는 순간
안테나 눈금 다섯 개가 내 눈 안에 쏙 들어왔다

의식 없이 병상에서 사투를 벌이다
4개월 만에 기적처럼 깨어나 해바라기처럼 웃던
언니의 얼굴이 문득 떠올랐다

언니의 기적을 보았던 것처럼 나는,
오랜시간 사투를 벌인 그놈의 등어리를 가만히 만져본다

최명심 시인
부천여성문학회 회장 역임, 2007년 《다시올문학》으로 작품활동 시작
다시올문학 사무국장, 시집 『안개는 부레가 없다』
proseis@naver.com

오목 골 열여덟 가구 외 4편

최 창 순

얼마 전 한 분 오늘 또 한 분
다신 못 올 먼 길 떠났습니다
함박눈이 서럽게 내립니다

이곳에 몸을 담은지 십사 년
열여섯 분이 이승을 하직했습니다
젊은이 없는 농촌에선 노인마저
인사하기 어렵습니다

고라니, 멧돼지 이름도 모를
날짐승만 사람 귀한 마을에서
제 세상 만난 듯 설칩니다
매서운 동장군도 함께 설칩니다

이별은 오늘도 동네 곳곳을 뒤지며
얼마 남지 않은 노인의 수를 세느라
눈코 뜰 새 없이 바쁩니다

빈농가

오목골 끝자락 기와집 한 채
세월에 안방 윗방은 무너지고.
군데군데 뼈다귀만 앙상한
사랑채만 남았다

치매 걸린 할머니
아들이 데려간 후
농가는 시름시름 앓더니
우울증에 걸렸다

수시로 드나드는 바람에
대문도 관절이 삭아 주저앉았다

가을이 오면
스산한 바람에 소쩍새
울음소리만 다녀가고,

어디서 찾아오셨는가
마당 가 민들레꽃 한 무리
머리 세도록 주인을 기다린다

*오목골: 양평 청운면에 고을명

정 쌓기

김장배추를 뽑은 자리에
마늘을 심었다

이른 봄 시골 밭을 찾았다
싸늘한 날씨에도 어린 마늘
실눈 뜨고 나를 반긴다

병아리 다섯 마리도
사다 풀어주니,
넉넉한 시골 밭이 되었다

보름 만에 다시 찾은 농장
마늘은 누렇게 시들고 훌쩍 큰
닭은 주인을 몰라보고 달아난다

허기진 밭에 거름을 주고
닭장에도 정을 듬뿍 주었다
그제야 생기가 되살아난 밭
한 폭의 풍경이 환하다

응둥이*

놀이터에서 손녀딸을 돌본다

우듬지서 떨어질까
마음 졸이던 날들

다섯 살 되도록 기른 정
가슴 아리다

초등학교에 들어간
지금도 나는 그 뿌리를
붙잡고 있다

화장실에서 똥을 누다가도
할아버지 할머니만 있으면
닦아달라고 하는 손녀딸
같은 또래들도 그럴까

*응석둥이

가뭄

메마른 논
쩍쩍 울고 있다

배가 갈라지고 흙이 타들어 가
몸살을 앓는다

올챙이 개구리울음도
이미 사라진 지 오래

강가에 즐비하던 억새는
억세게 하늘을 붙들고 있지만
구름 한 점 없다

물속에서 많은 생명을 보듬던
크고 작은 돌의 이마가 드러나고
송사리 피라미도 씨가 말랐다

한줄기 실개천을 붙잡고
왜가리 백로들만 서성거린다

최창순 시인
강원도 출생. 2009년《 다시올문학》신인상. 양평 글샘문학회장, 전망 동인, 다시올문학운영이사, 제2회 다시올문학상수상, 시집『아내와그네』 chsunch@hanmail.net

햇빛을 만지다 외 4편

최혜영

동해 묵호항 캄캄한 하늘에서
낯익은 몇 개의 별을 보았다
아주 오랜만의 일이다
기억이 나는 대로 하나씩
손짓을 하며 헤아려 본다

북두칠성, 오리온자리, 전갈자리, 쌍둥이자리
어린 시절 나의 눈도 별처럼 맑았을까?

어둠이 겹겹이 쌓인 밤하늘
잠을 설치게 했던 별이
하나둘 불을 끈다
누군가 별을 거두어 가고
별을 쫓던 나는 빈손으로 돌아온다

밤새 이는 파도 소리에
바다도 나도 울었다
햇빛 반짝이는 눈물
만지며

편의점 그녀

오랫동안 안부 전하지 못한 시간 뒤로
빠르게 전화벨이 울린다.
같은 일을 하며
하루에도 서너 번 시간을 나누던 사이
한때 서로에게 흙과 나무였다.

나른한 토요일 오후 그녀가 보내온 주소
내비게이션에 저장하고 얼마를 달려갔을까?
지도는 도착지를 알리고 종료되었다.
잘 정돈된 도로와 건물과 건물 사이
공단 안 편의점 문을 열고 들어서니
그녀는 쑥부쟁이처럼 낮게 앉아 음료수병을 정리 중이다.

그녀도 나도 가을 낙엽처럼 변했다.
부실한 열매들 스스로 떨군 나무처럼
바짝 마른 몸에 짧은 커트 머리였다.

땀에 젖은 작업복이 수시로 드나들고
우리는 작은 테이블에 마주 앉아 안부를 펼쳐놓았다.
치매 노모 때문에 알바를 시작했다는 그녀
주민센터 보조금이 힘이라고 했다.

돌아 나오는 발길이 돌덩이라도 매단 듯
쉽게 떨어지지 않았다.
계절은 봄에서 여름으로 빠르게 변하고
먹먹한 가슴에 소나기라도 한차례 내려야 될 듯

잃어버린 봄날

날이 풀리면서 하루씩 가벼워져 갔다
오랜 추위를 이겨낸 웃음일까
지난해 심었던 어린 오가피나무도
빼꼼히 눈을 뜨고 귀를 돋고 혀를 내밀었다
줄기마다 연둣빛 우물에 물을 채우고
찌푸렸던 구석구석 집안에도
봄바람이 허리를 감싸고 돌아다녔다
뒤꼍 음식물 쓰레기 더미
길양이 한 마리가 내 걸음을 따라온다
배고픔에 지쳐있는 눈빛
사람의 손길도 두려워하지 않는 허기
들숨과 날숨에 매달려 먹을 것 찾는
저 순례의 길 얼마나 숨이 찰까
한쪽 다리를 쓰지 못하는 저 운명체는
누구의 창조물일까
나와의 스침도 하나의 바람결이었을 눈빛이
종일 마음을 누르고 있어
마주한 환한 살구나무의 빛깔도 살랑이는 햇살도
아무것도 느낄 수 없었던
그 날은 배고픔보다 더 한 것이 무엇일까
때를 거르며 생각한 허전한 봄날이었다
고승의 윤회설을 떠올리며
위안을 삼은 잃어버린 환한 봄날이었다.

휴면 메일

주인 떠나간 오래된 정원
모르는 잡풀 더미 엉켜있다.
그는 언제 다녀갔을까
체온이 식어있는 곳

그리움의 두께가 얹혀있는 메일마다
나의 입술도 말라 있다
지우러 들어가서 다시 발자국 남기고
돌아 나오는 나는
아직 이사를 하지 못한다

손끝 전율로 다가가던 아이디, 패스워드
그 속에서 잠이 들고 잠이 깨던 날
차디찬 얼굴로 나를 보고 있어도

그의 웃음이 젖어있는 내 빨간 구두
노란 우산은 그대로인데
단지,
기척하듯 나를 올려다볼 뿐
모두가 낯설다

사진 속 사과꽃

겨우내 칼바람에 맞선 나뭇가지
말라지고, 굳어지고, 갈라졌지만
뿌리들 웅크려 들어간 흙 속에선
움틈의 소리가 난다
몽울몽울 핏줄이 돋고
진통의 수액이 한 방울씩 고여서
절규같이 터지는 빛으로
그 사과꽃 아직도
기억 속 생생한데 눈엔 보이지 않네

그래도 사진 속 너는
여전히 웃고 서 있어
너 떠나보내지 못하고 매일 나
사과나무 한그루씩 내 안에 심고 있다.

최혜영 시인
서울출생, 2009년 《다시올문학》 시 등단, 군포문인협회회원 수리샘 문학회, 전망동인, 다시올문학 운영이사, 현) 유치원 원장, 동인시집 『꽃에 대한 예의』외

죽풍 외 4편

한 경

휜 듯 곧은 듯
수묵의 깊은 호흡
잎 하나하나에
은은히 배어 나오는
댓잎의 기품

들리는 듯 찰랑거리는
섬세한 몸짓
그림 속에 일렁이네

아직 늦지 않았다면
그 묵향 속
바람에 묻고 싶은 그대 숨결

그해 사월

연두색 물감이 수채화로 번지는
산등성 사이로
사춘기 소녀 젖꼭지를 닮은
진달래 꽃봉오리들이 수줍게 열리던 날

꽃이 된 할머니

할머니가 오신다는 기별을 받았는지
뻐꾸기 청량한 소리로 곡을 하고
산벚꽃이 먼저 누워 할머니를 기다렸다

학의 솜털로 하얀 수의는
감빛으로 물들어 가고
시집올 때나 한번 입었을
빨간색 비단 명정에서
팔십 평생이 붉은 꽃으로 지고 있었다

씨 간장으로 단아하게 써 내려간
이름 석 자 위
하얀 밀가루는
백목련 꽃 빛으로 눈이 부셨다

화전을 부치던 화사한 봄날
내 기억을 잡고
옥양목 행주치마에
진달래꽃 가득 담아 떠나신 우리 할머니
해마다 사월이면
눈 시린 벚꽃 환한 미소로
애잔하게 뻐꾸기를 부르며
한 다발 진달래꽃으로 오시는 할머니

쿠무타크 사막

굽은 등뼈 드러낸 채
알몸으로 누운 모래 산
평화도 잠시
난폭한 바람에
이리저리 날리는 모래 살점

한참 보시를 하고
숨 고르며 누운
지친 등 위로
한 무리의 낙타가
산 자의 족적을 남기며
뼈를 허물고 지나간다

부서져 내리는 등뼈
신음조차 내지 않는
모래사막
그곳에 또 다른 부처가 누워 있다

투루판 사막의 낙타

고단한 착한 삶이
낙타의 트림으로 조는 시간
긴 속눈썹이
저녁놀로 피어난다

두 개의 혹 사이에서
체온을 같이 나눈
나그네의 짧은 인연 간이역처럼
많은 사람을 떠나보낸
낙타는 늙은 등으로 졸고 있다

마주친 찰나의 시선도
한 자락 바람에 사그라질
손에 쥔 모래처럼 새 나가고
이제 모두에게
위로가 필요한 순간

깊이를 알 수 없는 모래 늪
산다는 것이 낙타 등처럼
그렇게 미망에 빠지는 하루

폐목선

몸 반쯤
개흙에 묻고 누워있다

구릿빛 땀방울에
더 짜기만 하던 바닷바람
살기 위해
파도와 싸운 뜨거웠던 날들
그래도 함께하던 그 시절이 그리워라

나의 늙은 주인은
세월의 벌건 독에
주저앉은 닻이 되고

희비가 교차하던
내 안에 펄떡이던 은빛 생명

이제
비린내조차 사라져
괭이갈매기마저 눈길 주지 않고
바닷물도 들렀다 가지 않네

밤새
별빛 달빛만
나를 위로하고 놀다 돌아간다.

한경 시인
시인. 수필가. 다시올문학 운영이사. 시집 『투루판 사막의 낙타』 『탐보마차이 잉카남자의 눈빛』 수필집 『숲속의 물고기』
fullky@naver.com

無爲 외 4편

김 경 철

신선한 바람
눈 부신 햇살
맑게 흐르는 강물
산야를 수놓은 초목
삼라만상 무수세계

끝없는 길
쏜살같이 달려도
흔적 없이 사라지고
발자국 하나
남지 않을 것을

꽃

외할머니댁
우물가 지나 막다른
골목의 작은 초가집
눈 맑은 소녀
환한 미소에
일렁이는 대숲

새로 난 큰길
양옥으로 바뀐 집
어린 아들 안고
보일 듯 말듯
노을처럼 쓸쓸한
그녀의 미소

촛불

핏빛으로 물든 바다
푸른 하늘을 날던 비둘기
사나운 눈초리에 길들어졌다

찬 서리 내리고 삭풍이 분다
수많은 함성은 하늘의 별이 되고
아직도 날지 못하는 여린 꽃

온 누리 어둠을 거두고
차가운 가슴을 녹이는
뜨거운 등불

가을 강

세월 흘러가도
그리움은 남는다

강가에서 웃음 짓던
물빛 맑은 눈

바람 따라 속삭이던
고운 목소리

해는 기울어
또 다른 물빛이 든다

하염없는 반짝임으로
그대가 온다

등나무 아래에서

등꽃은 등꽃대로
칡꽃은 칡꽃대로

서로서로 제 길로

그윽한 향기
다정한 눈빛 나누며
푸른 하늘로 간다.

김경철 시인
전남 담양 출생, 목포대학 국어국문학과 졸, 경희대학원 국어국문학과 졸 2019년 《다시올문학》 신인상 수상, 전망동인, 현재) 고양시 발산중학교 교장

천둥 외 4편

공 배 준

어두운 창밖 하늘을
바라보니
초대하지 않은 손님이
창문에 노크를 해

열리지 않는 창에 화를 내는 건지
점점 노크 소리가 강해져

또 다른 손님이 찾아왔어
그 손님은 너무 크고 무서워

그가 오면 큰소리로
자신을 알려오니까.

그가 무서워
침대 위에 웅크려 이불을 뒤집어
귀를 막아 그가 떠날 때까지
그가 사라질 때까지

현관문

늘 열려있던
현관문을 열고
들어간 곳은
언제나 따뜻한 벽난로가 있는
다정함이 가득 차 있는 곳

언제였을까?
그 현관문이 닫혀
슬픔만 가득한
차가운 공원에
앉아있던 긴 시간

그 시간이
모두 거짓 같아

따뜻해, 그리고 무서워
그 따뜻함이 사라지고
다시 찾아온 냉기를
버틸 수 있을지 무서워

너의 다정함을 담은
문을 걸어 잠근다
더 이상 네가 나가지 못하도록
마음에 너를 가두어 굳게 잠근다

도착

숲 큰 나무 아래
너를 기다리고 있어

어린 시절
약속을 지키기 위해
이날을 기다리며

너라는 목적지에 닿기 위해
길고 긴 여정을 끝냈지만.
도착한 곳엔 아무도 없고
그저 큰 나무만 있는 숲

너라는 도착지를 잃은 나는
기다리고 또 기다려
아무리 기다려도 오지 않을

이미 알고 있지만
기다리고 또 기다려
지쳐 쓰러질 때까지

빈자리

언제나 나의 곁에 있던
네가 사라진 나의 옆자리
너의 빈자리겠지

네가 사라지고 나서야
아는 너의 빈자리
더욱 크게 느껴지는
외로움, 슬픔, 그리움
빈자리는 커져만 가고
채우지 못하며
결국 터져버리겠지

내 눈은 볼 수 없는
너를 머리에 그리며
눈에서 추억을 흘리겠지

그리고 입에서
보고 싶은 너의 이름을
나의 사랑이라 부르겠지

핑계

어린이가 잘못하면
핑계를 댄다.

어른은 잘못하면
남을 탓한다.

누구 하나 자신을 탓하지 않으며
누구 하나 자신의 잘못을
인정하지 않는다.

늘 핑계를 대는 그 핑계마저
또 다른 핑계로 덮는다.

돌고 도는 반복 속에
어느 하나 진실이 없으며
어느 하나 진짜인 내가 없다.

미루고 미루다
결국 진짜를 잃는다.

공배준 시인
1999.03.05.생, 여수 공업고등학교 졸업, 전업사 입사,
2019년 《다시올문학》 신인상 수상, 전망동인
kps3791@naver.com

수필

나는 배웠다

추다영 최종태

나는 배웠다

추 다 영

타인으로 하여금 나를 사랑하게 만들 수 없다는 것을 나는 배웠다. 내가 할 수 있는 일이 있다면 사랑받을 만한 사람이 되는 것뿐이다.

우리의 매력이라는 것은 10분을 넘지 못하고, 그다음은 무엇을 알고 있느냐가 문제임도 나는 배웠다. 다른 사람의 최대치에 나 자신을 비교하기보다는 나 자신의 최대치에 나를 비교해야 한다는 것을

인생은 무엇을 손에 쥐고 있는가에 달린 것이 아니라, 믿을 만한 사람이 누구인가에 달려있음을 나는 배웠고 인생은 무슨 사건이 일어났는가에 달린 것이 아니라 일어난 사건에 어

떻게 대처하느냐에 달려 있다는 것을, 해야 할 일을 하면서도 그 결과에 대해서는 마음을 비우는 자들이 진정한 영웅임을 나는 알았다. 앞과 뒤를 계산하지 않고 자신에게 정직한 사람이 결국은 우리가 살아가는 데서 앞선다는 것을 …,

아무리 얇게 베어낸 무엇이라 해도 거기에는 언제나 양면이 있다는 것을 나는 배웠으며 나에게도 분노할 권리는 있으나 타인에 대해 잔인하게 대할 권리는 없다는 것을 나는 배웠다. 그리고 또, 나는 사랑하는 사람들에게는 언제나 사랑의 말을 남겨 놓아야 한다는 것을…,

어느 순간이 우리의 마지막 만남이 될지 아는 사람은 아무도 없다. 사랑을 가슴 속에 넘치게 담고 있으면서도 이를 나타낼 줄 모르는 사람이 나였음을 아무리 멀리 떨어져 있어도 진정한 사랑은 끊임없이 두터워진다는 것을 알았고 내가 바라는 방식대로 나를 사랑하지 않는다 해도 상대를 완전히 사랑하지 않아도 좋다는 것이 아님을 나는 배웠다.

때로는 내가 나 자신을 용서해야 한다는 것도 배웠고 우리가 서로 다툰다고 해서 사랑하지 않는 게 아님을 그리고 우리가 서로 다투지 않는다고 해서 사랑할 거라는, 밖으로 드러나는 행위보다 인간 자신이 마음이 먼저임을 나는 배웠다.

두 사람이 하나의 사물을 바라보면서도 보는 것은 완전히 다르다는 것도 나는 배웠다. 이제는 더 이상 누구를 도울 힘이 내게 없다고 생각할 때에도 누군가 내게 울면서 매달릴 때

여전히 그를 도울 힘이 나에게 남아 있음을 나는 배웠다.

글로 쓰는 일이 대화를 하는 것보다 내 마음의 아픔을 덜어 준다는 것을 나는 알았다 그리고 배웠다. 내가 아끼는 사람들은 너무나 빨리 내 곁을 떠난다는 것을…,

사랑하는 것과 사랑을 받는 이 두 가지 일을 엄격하게 구분하는 것이 얼마나 어려운 일인지 나는 배웠다. 그러나 그 모두가 나에게는 아직도 어려운 것임을…,

추다영 수필가

1970년 서울 출생, 2004년 월간《시사문단》신인상, 2012년 계간《다시올문학》수필등단. 다시올문학편집이사, 전망동인 시집『나를환장하게하는너』 poeticdy@hanmail.net

노인과 소년

최 종 태

그 자리의 선점권 충돌이 있다면 – 어느 쪽이 우선일까?

호우 성 폭우가 걷히고 높은 습도와 불볕더위로 생활지수가 대단히 불쾌한 8월 초순의 날씨였다. 이런 날씨가 연속되는 요즘에는 마땅한 휴식처를 찾아 삼삼오오로 무리 지어 몰려다니는 노인을 만나기는 쉬웠다. 오늘도 그런 날이었다.

잠실의 명물, L 호텔 지하 만남의 광장에서 친구를 만나고자 나갔더니 노인뿐만 아니라 젊은이 특히 아동들을 동반한 엄마들도 많았다.

방학이라 일일 피서도 하고, 현장 체험의 기회도 마련해주려는 부모의 손에 이끌려 나온 아이로 휴게 석은 만석이었다.

우리 팀은 로비에 자리를 하고 서로의 근황을 덕담으로 하는 대화의 시간을 잠시 가졌다가 상가 아이쇼핑(eye shopping)에 나섰다.

점심식사를 한 다음이라 차 한 잔 생각이 나서 근처 '롯데리아'를 찾았는데 앉을 자리가 없다. 내심으로 노인들에게 좌석을 양보해 주는 젊은이의 경로 정신이라도 보여주는 배려를 기대하면서 두리번거리는데, 마침 어떤 젊은이가 식사를 마치고 자리를 뜨려고 한다. 그때 한 노인이 만면에 희색을 띠면서 앉을 채비를 하고는 손을 흔들어 일행을 부른다.

그 노인은 건장한 체격에 부릅뜬 눈을 하고 목소리가 커서 좌중을 압도할듯해 보인다. 그 옆에 서 있는 소년은 아동에 속할 정도의 나이로 보이지만, 그 아이의 기골이 만만찮다. 그의 눈에는 광채가 서렸고 당당하고 균형 잡힌 몸매며 입은 옷매무새는 단정하다.

그때쯤이다.

노인과 소년 사이에서 돌발적인 다툼이 생겼다.

"이건 저 자리예요!"

노인과 소년 간의 권리 충돌이다.

아동인 남자아이는 어린이답지 않게 소신으로 가득하고 당당한 태도이다.

"이건 내가 잡은 내 자리야!"

노인의 둔탁한 목소리가 떨어진다.

"그런 게 어디 있어요. 저가 이 아저씨 뒤에 서서 아저씨가 일어서기를 기다리고 있었어요!"

"아니 내가 잡은 자리라니까!"

"아녜요 내가 잡은 내 자리에요!"

자리 하나를 두고 노인과 소년의 도를 넘는 선점권이 충돌하는 현장이다.

선점권은 원래 무주물에 대한 선점을 말한다. 그런데 이 경우를 보니 그 자리는 비워지려고 하는 중이지만 아직은 기득의 점유자가 있어 무주의 상태는 아니다. 그러니 내 자리! 네 자리 하면서 다툴 여지가 없는 상황인 것 같다.

노인과 소년은 다 같이 사회적 약자로서 대중으로부터 양보를 받을 배려대상으로 간주되어 있다.

이들 사이에서 서로에게 자리를 양보할 배려심이 없다면 슬픈 일이다. 그런데 이들에게는 배려할 마음이 처음부터 없었던 것 같다.

노인은 소년을 보고 버릇을 내세워 억눌러 보았지만, 소용이 없다. 소년의 강한 자기중심 의식은 확고해 보인다. 물러서지 않는다. (뒤에서 누군가의 지원을 받는 것 같아 보인다) 아마도 그 아이의 부모는 필시 근처 어딘가에서 이 광경을 보았겠지만 몸을 숨겨서 방조하는 것 같다. 이것이 그 부모의 자녀교육 방식이라면 그 아이의 장래는 어찌 될까 걱정이 된다.

끝내 노인은 헛웃음을 짓고는 손을 들고 물러난다.

소년이 자기 자리라고 우기는 용맹함이나, 노인이 소년에 대한 억누름은 갈등 관계만 조장한 셈이다.

이것은 법적인 문제도 아니고, 도덕적 규범으로 제재를 가

하거나 강제할 일도 아니다. 경로 정신이 보편화되고 어린이 보호 의식이 생활화된 성숙한 사회라면 문제는 없다.

노인은 그 아이가 자기 손자였다면 그래도 자리다툼을 했을까?

어른답게 아이에게 내주는 정신은 사람마다 다르게 표출되는가?

그 광경을 바라봤을 보호자의 심정은 어떠했을까?

노인을 밀어내는 아이의 기질이 그대로 내재화된다면 그래도 좋을까?

그것은 부메랑이 되어 자기에게 되돌아올 수도 있을 것인데!

결국 소년은 최소한도의 경로 정신을 어릴 때부터 축적할 배움의 순간을 아깝게도 거부한 것이며, 노인은 아이와 다투다가 밀려났다는 부족한 자기 능력의 한계에 허탈함을 어쩌지!

여기가 가장 기초적인 사회통합의 기회를 놓치는 현장이었다.

노인은 헛웃음을 짓고 아무 일 없는 척하고 물러섰지만, 어딘가에서 이 광경을 지켜봤을 소년의 보호자는 자식을 '똑똑하게 잘 키웠구나!' 하고, 쾌재를 부를 것인가?

그렇다면 자식 인성교육 잘못 가리킨 거지!

자식. 손자 모두 다 길러 키워본 할아버지가 본 이 광경은 씁쓸하기 짝이 없다.

이런 과정을 보니 아동에 대하여 부단한 관심으로 가르치고 타이르는 것이 우리들(senior)의 역할이 아닐까 싶다.

최종태 수필가
법학박사, 전 대경대학교수, 《다시올문학》 수필부문 신인상수상,
전망 동인

다시올문학회 전망 8집

햇빛을 만지다

엮 은 이 | 조영환 외
발 행 인 | 김영은
디 자 인 | 박지혜

최판인쇄 2019년 12월 10일
초판발행 2019년 12월 20일

편집제작 | 다시올
출판등록 | 제310-2007-00028
주　　소 | 서울 노원구 광운로 32, 지층 1호
전　　화 | 031-836-5941
팩　　스 | 031-855-5941
메　　일 | maxim3515@naver.com

값 11,000원
ISBN 978-89-94414-90-4 03810